Rund um den Wörthersee

KULTURWANDERUNGEN

Barbara und Wilhelm Deuer

Rund um den Wörthersee

VERLAG johannes heyn

Bildnachweise

Die doppelseitigen Abbildungen zeigen folgende Motive:
S. 34/35: Badekabinen in Krumpendorf; S. 46/47: Moosburger Teiche; S. 52/53: Blick von der Hohen Gloriette auf Pörtschach und den Pyramidenkogel; S. 62/63: Blick vom Töschlinger Steinbruch; S. 68/69: Strandpromenade in Velden; S. 82/83: Drauschleife bei Rosegg; S. 92/93: Weißes Rössl in Auen; S. 98/99: Blick über Keutschach und Reifnitz auf den Wörthersee; S. 108/109: Halbinsel Maria Wörth; S. 120/121: Klagenfurter Bucht mit Strandbad und Hotel Seepark Lindner

Titelbild: Schloss Reifnitz, Foto: Edwin Stranner

Wilhelm Deuer: S. 84
Walter Fritz: S. 123
Susanne Gudowius: S. 34/35, 65, 77, 78, 86, 87, 95, 101
Johann Jaritz: S. 10, 11, 29, 31, 36, 37, 40, 41, 44, 46/47, 49, 51, 52/53, 54,55, 56, 57, 58, 59, 60, 64, 66, 67, 68/69, 70, 71, 72, 73, 74, 75, 85, 88, 90, 92/93, 94, 96, 100, 102, 103, 104, 105, 106, 111, 116, 117, 118, 119, 120/121, 127, 130, 132, 133
Landesmuseum für Kärnten: S. 27, 122
Wilhelm Loisel: S. 48, 110
Gerhard Maurer: S. 125
Ferdinand Neumüller: S. 114, 128, 131
Markus Pernhart, mit freundlicher Genehmigung des Geschichtsvereins für Kärnten: S. 38, 76
Edwin Stranner: S. 98/99, 108/109
Johann Weichard von Valvasor, Topographia archiducatus Carinthiae: S. 17, 129
Wörthersee Tourismus GmbH: S. 62/63
Simone Wunderlich: S. 82/83
Archiv Verlag Johannes Heyn: S. 19, 23, 42

Kartografie: Bundesamt für Eich- und Vermessungswesen, Wien

Dieser Band ist eine aktualisierte, erweiterte und neu ausgestattete Ausgabe der gleichnamigen Broschüre aus dem Jahr 1999.

Aus Gründen der leichteren Lesbarkeit wird auf eine geschlechtsneutrale Formulierung (z. B. Besucher/innen) verzichtet. Entsprechende Begriffe gelten im Sinne der Gleichbehandlung für beide Geschlechter.

Lektorat: Susanne Gudowius
Grafik, Layout und Satz: ilab crossmedia, Klagenfurt
Druck: Druckerei Theiss, St. Stefan
Printed in Austria
ISBN 978-3-7084-0341-0

Inhaltsverzeichnis

Der Wörtherseeraum im Laufe der Jahrhunderte

Vom Einbaum zum Missionszentrum: Der Wörtherseeraum von den Anfängen der Besiedlung bis zum Ende des Mittelalters

Der an Seen und Gewässern reiche Mittelkärntner Raum bot nach dem Zurückweichen der eiszeitlichen Gletscher für den Menschen günstige Lebensbedingungen. Als besonders ergiebiger ur- und frühgeschichtlicher Fundort hat sich in letzter Zeit dafür der im Gelände auffällig isolierte Kathreinkogel südwestlich von Schiefling erwiesen. Erste Spuren stammen hier zunächst von Jägervölkern der mittleren Steinzeit, also vor rund 8.000–9.000 Jahren, gut drei Jahrtausende jünger, aus der Zeit des späten Neolithikums, datieren Funde einer bereits landwirtschaftlich geprägten Niederlassung nach Sesshaftwerdung des Menschen.

Die vor rund 130 Jahren entdeckten Pfahlbaureste einer kleinen Siedlung in der Mitte des Keutschacher Sees aus der Zeit von ca. 2.000–2.500 v. Chr. sind die bislang einzigen in Kärnten nachgewiesenen. Dass der Wörthersee damals noch weiter nach Osten reichte, belegen zwei aus Eichen gefertigte Einbäume der Bronzezeit, die das Sattnitzmoor südlich von Klagenfurt konserviert hat und die heute im Landesmuseum Kärnten gezeigt werden. Eine Vorstellung von den noch unsicheren Lebensverhältnissen der Bevölkerung zur Zeit der älteren Urnenfelderkultur (12.–11. Jahrhundert v. Chr.) vermittelt uns der Fund eines im Zuge von Kampfhandlungen zerstörten und mit einem benachbarten Pfostenbauwerk in Brand gesteckten Gewichtswebstuhles am schon erwähnten Kathreinkogel. Dabei fällt auf, dass zwischen den Funden auch immer wieder über längere Zeiträume Siedlungsspuren fehlen.

Unter den Kelten, die am Magdalensberg zur Zeitenwende ein bedeutendes städtisches Handelszentrum betrieben, intensivierten sich die wirtschaftlichen Beziehungen mit den Römern, die besonders die regionalen Eisenprodukte schätzten. Nach der Eingliederung des keltischen Königreiches Nori-

Meilenstein neben einem Brunnen an der Kreuzung Südbahn-/Koschatweg in Krumpendorf

kum, zu dem auch das Gebiet des heutigen Kärnten gehörte, ins Römische Reich, entstand nach dem Jahre 45 n. Chr. am Fuße der älteren Siedlung am Rande des Zollfeldes mit Virunum der bedeutendste römische Stadtbezirk auf Kärntner Gebiet mit Gutshöfen in der Umgebung, von denen nicht unbedeutende Spuren (Grabdenkmäler etc.), etwa in Lendorf im Nordwesten der Landeshauptstadt, erhalten geblieben sind. Virunum wurde Provinzhauptstadt, im 4. Jahrhundert auch Bischofssitz. Von einer spätestens damals angelegten Hauptstraße, die in sicherer Entfernung parallel zum Wörtherseenordufer verlief, blieben mehrere Meilensteine erhalten. Die Römer betrieben am Nordufer nicht nur bedeutsame Marmorsteinbrüche in Pörtschach und Töschling, sondern die Entdeckung von Fundamenten einer Villa in Krumpendorf lässt damals schon einen Bade- und Kurbetrieb vermuten.

Porträtbüste eines römischen Paares an der Pfarrkirche in Moosburg

Bereits ab dem zweiten nachchristlichen Jahrhundert war die romanisierte Bevölkerung zeitweilig von durchziehenden Völkerschaften bedroht und verließ zunehmend die fruchtbaren Tallagen. Neben dem bereits zur Spätbronzezeit besiedelten Ulrichsberg im Norden der Landeshauptstadt gewann wieder der Kathreinkogel als Zufluchtsort Bedeutung, wo bis ins 5. Jahrhundert am Gipfel als geräumiger Aussichts- und Fluchtplatz ein mit Mauer und Tor wohl bewehrtes und mit einer Zisterne versehenes Kastell bestand.

Seit dem späten 6. Jahrhundert ließen sich vom Osten zuwandernde Alpenslawen dauerhaft im Ostalpenraum nieder. Während die römische Oberschicht nach Italien auswanderte bzw. dorthin zurückkehrte, wurde die übrige Bevölkerung mehr oder weniger freiwillig und mit starken regionalen Unterschieden in die slawischen Herrschaftsstrukturen eingebunden. Mit Ausnahme einiger vorslawischer Ortsnamen, vorzugsweise Gewässer- und Gegendnamen, erlosch in Kärnten die römische Kultur, die einige Jahrhunderte zuvor selbst von der keltischen Bevölkerung übernommen worden war.

Die Karantaner, wie die regionalen Slawen von ihren Nachbarn genannt wurden - wobei bis heute nicht geklärt ist, ob sich der Name von ihrem felsigen Lebensraum oder vom Wortstamm „Freund" ableitet -, lebten in kleinen Stammesverbänden mit einem Herrschaftszentrum im Zollfeld. Der Fürstenstein bei Karnburg, eine umgekehrte römische Säulenbasis (heute im Großen Wappensaal des Klagenfurter Landhauses), war bis ins Spätmittelalter Mittelpunkt des merkwürdigen Brauches der Kärntner Herzogseinsetzung. Dabei unterzog der Herzogbauer als Vertreter der Edlinger, einer wehrhaften bäuerlichen Schicht, in „windischer" (slowenischer) Sprache den Kandidaten einer Eignungsprüfung und machte erst nach der Reichung von Ehrengeschenken dem neuen Herzog den Stein frei, sodass dieser symbolisch auf ihm seine Herrschaft antreten konnte.

Um 740 riefen die örtlichen Alpenslawen die Bayern gegen das gefürchtete Reitervolk der Awaren zu Hilfe und machten sich damit von ersteren abhängig. Als Kaiser Karl der Große 788 den zu mächtig gewordenen Bayernherzog Tassilo III. absetzte, wurde somit auch Karantanien Teil des Fränkischen Reiches. Doch erst Karls Sohn Ludwig der Fromme ersetzte nach örtlichen Aufständen um 817 die slawische Oberschicht durch fränkisch-bairische Gefolgsleute. Die bäuerliche Bevölkerung lebte damals mehrheitlich in „Villikationen", d. h. als größtenteils Unfreie in großräumigen herrschaftlichen Gutshöfen. Erst gegen Ende des Hochmittelalters wurden diese Wirtschaftshöfe mit eigenen Rechtsbezirken und herrschaftlichen Eigenkirchen in kleine Besitzeinheiten zerteilt, die der adelige oder geistliche Grundherr gegen Abgaben und Dienstleistungen (Robot) Bauernfamilien überließ.

Diese rechtliche Abhängigkeit, die Grundherrschaft, sollte bis 1848 bestehen bleiben. Gerade im Kärntner Zentralraum gab es aber noch lange eine privilegierte Schicht waffenfähiger Bauern, die bereits genannten Edlinger, die noch auf die Eingliederung der alpenslawischen Stammesverbände in das Frankenreich zurückgehen könnte und die im Klagenfurter Becken auch für die spätere Herrschafts- und Besitzgeschichte von großer Bedeutung waren.

Ungeachtet der fränkisch-deutschen Herrschaft blieb die Bevölkerung eines Großteils Kärntens in Sprache und Kultur noch lange Zeit slowenisch: Bis ins 20. Jahrhundert bekannte sich um den Wörthersee ein Großteil der Bevölkerung zur slowenischen Sprache (z. B. in der Gemeinde Techelsberg 1881 ca. 90 %, in Schiefling 1910 über 94 %). Die slowenischen Gebietsforderungen nach dem Ersten Weltkrieg, die zum Kärntner Abwehrkampf und zur Volksabstimmung vom 10. Oktober 1920 führten, haben gemeinsam mit der assimilierenden Kraft des Fremdenverkehrs das Bekenntnis zur slowenischen Sprache jedoch im Wörtherseegebiet stark zurückgehen lassen. In vielen Ortsnamen der Region steckt noch eine slowenische Wurzel, wie etwa in Sekirn oder Sekull, die beide auf Rodung Bezug nehmen, oder in Schiefling, das übersetzt etwa Bischofsdorf (nach dem Freisinger Bischof als vermutlichem Gründer) bedeutet.

Arnulf von Kärnten, natürlicher (unehelicher) Sohn des Karolingerkönigs Karlmann und als Teilregent Bayerns und Kärntens vielleicht hier aufgewachsen, konnte in der durch Erbstreitigkeiten und Krankheiten geschwächten Herrschersippe noch einmal die Macht in seiner Person vereinen und 887 die Königs-, 996 sogar die Kaiserwürde an sich bringen. Wahrscheinlich geht auf ihn die Errichtung des Herzogstuhles im Zollfeld zwischen Karnburg und Maria Saal zurück - ein steinerner Thronsitz , der nach der Herzogseinsetzung am Fürstenstein beim anschließenden Gericht und der Lehensvergabe die zentrale Rolle spielte und spätestens im 14. Jahrhundert unter der Herrschaft der Habsburger zur Doppelsitz erweitert wurde. Inwieweit Arnulf auf der Moosburg im nördlichen Hinterland des Wörthersees saß, ist aufgrund der nahen, als Königspfalz aber gesicherten Karnburg bis zur endgültigen archäologischen Klärung fraglich. Immerhin legitimierten die Grafen von Görz seit dem 12. Jahrhundert ihren Rang als Pfalzgrafen von Kärnten durch den Besitz der Moosburg.

Obwohl seit der Mitte des 8. Jahrhunderts das (Erz-)Bistum Salzburg die Karantaner missionierte und der Schiedsspruch Karls des Großen den Patriarchen von Aquileja auf das Gebiet südlich der Drau verwies, war es doch das Hochstift Freising, das im Wörtherseegebiet für viele Jahrhunderte den ersten kirchlichen wie kulturpolitischen Schwerpunkt setzte: Bald nach 822 entstand auf einer Insel (althochdeutsch Uueride bzw. Wörth) in der Mitte des Seesüdufers eine Kirche mit Missionsstation, die durch Bischof Waldo, einem Vertrauten König Arnulfs, im späten 9. Jahrhundert mit Reliquien der römischen Märtyrer Primus und Felician ausgestattet wurde. Die beiden Titelheiligen der Kircheninsel genossen in der Folge eine derart starke Verehrung, dass der See bis ins 12. Jahrhundert seinen Namen nach ihnen trug. Selbst in der dunklen Zeit der Ungarneinfälle im 10. Jahrhundert und nach dem Erlöschen der Karolinger 911 blieb Maria Wörth ein bedeutendes Seelsorgezentrum für Kärnten und die Krainer Besitzungen Freisings. Ein Bücherverzeichnis aus der Zeit des Bischofs Abraham, der hier 974–84 wegen einer Verschwörung gegen König Otto II. im Exil lebte, nennt immerhin 42 Bücher. Die etwas später zur seelsorglichen Betreuung der Karantanerslawen entstandenen „Freisinger Denkmäler", die ältesten erhaltenen schriftslowenischen Texte, werden immer wieder mit Maria Wörth in Verbindung gebracht

Nach der formellen Eingliederung Kärntens als Herzogtum ins Heilige Römische Reich im Jahre 976 kamen verstärkt Gefolgsleute aus allen Reichsterritorien ins Land. Zu dieser Zeit bestand zu Reifnitz ein dem Edlen Askuin gehöriger Hof. Seine späteren Besitzer, darunter vor allem die Grafen von Bogen, errichteten hier eine weitläufige und bedeutende Burganlage mit Sitz eines Landgerichtes. Mit Ausnahme der Westbucht des Sees, wo die Khevenhüller an der Wende zur Neuzeit einen Besitzschwerpunkt mit den Herrschaften Aichelberg, Wernberg, Landskron und Velden (mit Sternberg und Hohenwart) schufen, blieben die grundherrschaftlichen Verhältnisse um den Wörthersee bis zur Grundentlastung 1848 zersplittert und kompliziert.

Der bedeutsame Geschichtsschreiber Bischof Otto von Freising (1138–58) aus dem Hause der im Donauraum als Markgrafen, später als Herzöge herrschenden Babenberger wandelte die Missionskirche von Maria Wörth um 1150 in ein Kollegiatkapitel um. Ein Propst und fünf (seit 1279 sechs) Kanoniker besorgten im Umkreis die Seelsorge und ließen auch die beiden Inselkirchen prächtig ausbauen, wenngleich ihre Pfründen vor allem im Spätmittelalter immer wieder zur Versorgung politisch wichtiger Personen Verwendung fanden. Durch die Kapitelgründung konnte Freising seine örtlichen Rechte gegenüber dem Erzbistum Salzburg bis 1598 bewahren.

Mit der Ansiedlung von Zisterziensermönchen aus Lothringen (Weiler-Bettnach) im Jahre 1142 haben die aus Rheinfranken stammenden Spanheimer, seit 1122 Herzöge von Kärnten, entscheidend zur Kolonisierung des morastigen Hinterlandes der Ostbucht des Wörthersees beigetragen. Das neue Kloster Viktring entwickelte sich zu einer politischen, wirtschaftlichen und kulturellen Konstante und blieb bis zu seiner Aufhebung unter Kaiser Josef II. 1786 bedeutend. Zweifellos damit im Zusammenhang stand die gleichfalls spanheimische Gründung der Marktsiedlung Klagenfurt zunächst am Fuße des Spitalberges, etwa einen Kilometer nördlich des heutigen Zentrums, von wo sie wegen ständiger Hochwassergefahr unter Herzog Bernhard um die Mitte des 13. Jahrhunderts an die Stelle des heutigen Alten Platzes verlegt wurde (vielleicht hatte die Rodungsarbeit des Klosters erst die Voraussetzung zur Verlegung geboten). Die bald mit Stadtrechten versehene landesfürstliche Siedlung blieb zwar während des Mittelalters unbedeutend, bewirkte aber eine zunehmende wirtschaftliche Orientierung des Wörtherseegebietes auf ihre Bedürfnisse. Zur militärischen Sicherung ihres Gebietes ließen die Spanheimer durch ihre Ministerialen (ritterliche Dienstleute) Burgen errichten, als deren schönstes Beispiel das im 16. Jahrhundert durch die Welzer in ein beachtliches Renaissanceschloss umgebaute Hallegg gilt.

Während der Südosten des Wörtherseegebiets bis weit in die Neuzeit im Spannungsverhältnis der beiden mächtigen Herrschaften Hollenburg (die den Drauübergang zum Loiblpass sicherte) und Viktring geprägt war, gründeten am Seenordufer herzogliche Ministerialen bereits im Hochmittelalter die Seeburg und Leonstein; aus letzterer entstand in den folgenden Jahrhunderten eine wichtige Herrschaft. Die Moosburg wiederum bildete eine wichtige Machtgrundlage der Grafen von Görz-Tirol, die seit 1286 für rund ein halbes Jahrhundert mit der Kärntner Herzogswürde belehnt waren. Im Hinterland des Südufers ist im 14. und 15. Jahrhundert der Aufstieg der Ritter von Keutschach zu erwähnen, welche die Herrschaftsrechte von Reifnitz an sich brachten, im 16. Jahrhundert - unterstützt vom mächtigsten Vertreter der Familie, dem Erzbischof Leonhard von Salzburg (1495–1519) - Tanzenberg über dem Zollfeld als eines der größten Renaissanceschlösser errichten ließen und sich dabei hoffnungslos verschuldeten. Auch am Kathreinkogel befand sich eine Burg, die jedoch völlig abgekommen ist.

Herausragende Ereignisse des an Krisen auch sonst nicht armen 15. Jahrhunderts waren die fünf Türkeneinfälle der Jahre 1473 bis 1483. Die getreuesten Berichte davon stammen aus der Feder des Jakob Unrest, der 1466 als Pfarrer von St. Martin am Techelsberg eingesetzt wurde und von dem drei Chroniken (eine Kärntner, eine Österreichische und eine Ungarische) überliefert sind. Entgegen der lange Zeit in der Geschichtsforschung vorherrschenden Meinung vom einfachen Landpfarrer stellte sich erst in den letzten Jahrzehnten heraus, dass Unrest Kanoniker des Kollegiatkapitels Maria Saal war und dort in zentraler Lage guten Zugriff auf Nachrichten und auf Gewährspersonen hatte, während er sich am Techelsberg möglicherweise durch einen Vikar vertreten ließ. Die beiden Türkeneinfälle von 1473 und 1477 betrafen auch direkt das Wörtherseegebiet; Unrests Berichte sind dabei erschütternde Dokumente, wie schutzlos die Bevölkerung damals Totschlag oder Verschleppung ausgesetzt war.

Zwischen festlichem Glanz und provinzieller Armut: Das Wörtherseegebiet vom 16. Jahrhundert bis zum Beginn des Tourismus

Das 16. Jahrhundert stand lokal ganz im Zeichen des Ausbaues von Klagenfurt zur ständischen Residenz und Hauptstadt. Kaiser Maximilian hatte 1518 den Kärntner Landständen - der Gesamtheit des grundbesitzenden Adels und der hohen Geistlichkeit - die Stadt ins Eigentum überlassen, ein verfassungsrechtlich einzigartiger Sonderfall! In einer Zeitspanne von etwa sechzig Jahren wurde Klagenfurt etwa um das Siebenfache vergrößert, mit einer modernen Befestigungsanlage umgeben, innen mit einem Netz gerader und breiter Straßen versehen und mit bedeutsamen Renaissancebauten, wie dem Landhaus, dem Bürgerspital samt Kirche (heute Dom) und einer Ständeschule (heute sogenannte Burg) ausgestattet. Eine erste Maßnahme war 1527 die Aushebung eines rund vier Kilometer langen Verbindungsgrabens zwischen dem Wörthersee und dem Stadtgraben. Dieser Lendkanal, den schon fast drei Jahrhunderte zuvor Herzog Bernhard geplant hatte, der aber am Einspruch des Viktringer Abtes gescheitert war, sollte die Stadt bis ins 19. Jahrhundert mit Bau- und Brennmaterial (vor allem aus den ausgedehnten Waldungen im Hinterland des Südufers) sowie mit Lebensmitteln versorgen. Erst der Lendkanal hat das Wörtherseegebiet endgültig mit der neuen Landeshauptstadt verbunden.

Von den im Zuge der Residenzbildung neu entstandenen, die Stadt wie ein Kranz umschließenden Schlössern und Edel-

Schloss Velden, Kupferstich von J. W. Valvasor, 1688

sitzen erhebt sich Freyenthurn in romantischer Lage direkt über der Ostbucht; mittelalterliche Burgen wie Drasing, Leonstein und vor allem Hallegg wurden zu wohnlichen Renaissanceschlössern umgebaut. Ein Höhepunkt frühneuzeitlicher Baukultur entstand jedoch inmitten der Westbucht, wo Bartlmä Khevenhüller bis 1603 inmitten einer bis dahin bäuerlichen Gegend direkt am See das Lustschloss Velden errichten ließ und dort hohe Besucher, darunter die Familie des innerösterreichischen Landesfürsten zu Graz, bewirten und mit Booten über den See führen ließ – ein frühes Beispiel für den Elitetourismus!

Die Gegenreformation führte seit dem Ende des 16. Jahrhunderts auch im Wörtherseegebiet zu deutlichen politischen, wirtschaftlichen und kulturellen Akzentverschiebungen. So wurde das Kollegiatstift Maria Wörth den Grazer Jesuiten als materielle Ausstattung übergeben, und die in der Westbucht begüterten Khevenhüller mussten 1629 als Protestanten das Land verlassen. Ihre wegen Hochverrats (einzelne Familienmitglieder dienten im Dreißigjährigen Krieg beim Schwedenkönig, also auf der Gegenseite) vom Kaiser eingezogenen Besitzungen kauften die Dietrichsteiner, darunter auch die Herrschaften Landskron und Velden. Eine zweite bedeutende Familie, die von der Gegenreformation profitierte, waren die Orsini-Rosenberg. Der Klagenfurter Burggraf Johann Andre Graf von Orsini-Rosenberg, militärischer Befehlshaber und oberstes ständisches Aufsichtsorgan der Stadt, dazu Vorsitzender im Verordnetenausschuss (etwa der heutigen Landesregierung vergleichbar), ließ bis 1652 auf einer felsigen Kuppe über der Mündung des Lendkanals in den Wörthersee ein Lustschloss errichten, das seinen Namen nach einer daneben freistehend erbauten Maria-Loretto-Kapelle erhielt und mit manieristischen Architekturen und Gartenanlagen auf „italienische Manier" überreich geschmückt war. Bereits acht Jahre nach Fertigstellung konnte der Burggraf den anlässlich der Erbhuldigung in Klagenfurt weilenden Kaiser Leopold als Gast begrüßen; die Zufahrt mit Booten ist in einem zeitgenössischen Kupferstich überliefert. Maria Loretto war gewissermaßen die Antwort der Klagenfurter Bucht auf das ein halbes Jahrhundert zuvor fertiggestellte Velden; beide Anlagen waren als Lustschlösser konzipiert und bezogen den See in ihre Lustbarkeit ein, wenngleich nicht zum Baden, so doch für repräsentative Bootsfahrten. Im Hinterland des Südufers hatte der Bauherr von Loretto 1659 von einer der letzten Angehörigen der Familie der Keutschacher die gleichnamige Herrschaft erworben; in der Folge entstand auch hier bald ein repräsentativer frühbarocker Schlossbau (heute Gemeindeamt).

So repräsentativ und glänzend die lokale Adelskultur der Renaissance und des Frühbarock um den Wörthersee auch war, so setzte im 18. Jahrhundert doch eine deutliche Stagnation ein. Sowohl Maria Loretto als auch Velden verloren nach Bränden ihren repräsentativen Charakter und versanken in einen Dornröschenschlaf. Parallel dazu führten die Aufhebung des Jesuitenordens 1773 und 13 Jahre später des Klosters Viktring zu einem kirchlichen und kulturellen Niedergang. Klagenfurt musste durch die Reformen Maria Theresias und ihres Sohnes Josef II. einen Teil seiner politischen Kompetenzen an Graz bzw. im 19. Jahrhundert an die krainische Hauptstadt Laibach (Ljubljana) abgeben, und das feudale Grundrententum hemmte lange jeden bäuerlichen Innovationsgeist.

Die Franzosenkriege brachten nicht nur eine Verarmung des Landes mit sich, sondern führten kurzfristig sogar zu einer Teilung des Landes (1809–14): Die Grenze zwischen dem weiterhin habsburgischen Unter- und dem den Illyrischen Provinzen Frankreichs zugefallenen Oberkärnten verlief etwa zwischen den heutigen Gemeinden Schiefling, Velden und Techelsberg! Von Wohlstand sah man damals am See kaum eine Spur: Auf seiner „Reise zum Glockner" (in vier Bänden 1804 in Wien gedruckt) schwärmte J. A. Schultes vom schönen Nebel über dem Wörthersee, der die „elenden Wiesen und elenden Hütten" vergessen ließ, und empfand Velden als „elendes Dorf, in welcher die erste Post ... das Merkwür-

Schrotturm, Lithographie von Markus Pernhart, um 1860

digste war"! Selbst Segelboote waren den Einheimischen damals unbekannt. Nicht weniger hart urteilt der junge Wiener Josef Kyselak – der auch ob seiner Gewohnheit, an markanten Stellen, besonders Burgen, überdimensioniert seinen Namen anzubringen, Berühmtheit erlangte – anlässlich seiner Reise durch Kärnten 1825 über den Wörthersee: „Trotz seiner zwei Meilen langen und größtenteils einer halben Meile breiten Ausdehnung, gewährt er nichts weniger, als anmutig abwechselnde Partien"! Und wie Schultes übte auch Kyselak heftige Kritik an Velden, indem er nach der Einkehr bei einem dortigen Fleischer, der auch Gastwirt war, festhielt: „Ungern fühlte ich bewährt, was einige Reisende von der schlechten und unbilligen Bewirtung gewisser Gastgeber in Kärnten zu erzählen wissen. Für unreinliches schlechtes Essen und ungenießbaren Trunk musste ich mehr entrichten, als für das beste Mahl in Klagenfurt!"

Noch weit ins 19. Jahrhundert blieb der See hauptsächlich als Verkehrsweg für die Versorgung Klagenfurts wichtig, wobei selbst der Fischfang durch zersplitterte Besitzrechte behindert wurde. Während die kleinbäuerliche Struktur auf geringem produktivem Niveau bestehen blieb, machte sich von Klagenfurt aus bereits ein gewerblicher und industrieller Gründergeist bemerkbar. So ließ Johann Rainer Ritter von Harbach nach 1818 nahe Jerolitsch bei Krumpendorf eine Fabrik für Schrotkugeln errichten, dessen Wahrzeichen der düstere Schrotturm wurde. Die gleiche Familie ließ zu Saag, das von einem Sägewerk seinen Namen erhielt, eine lange florierende Bleiweiß- und Miniumfabrik errichten, die erst vor wenigen Jahren in eine allerdings kurzlebige Diskothek umgewandelt wurde und heute einmal jährlich zu einem Zentrum der „Fête Blanche" wird. In Krumpendorf leitete Thaddäus von Lanner mit der ersten dampfbetriebenen Branntweinbrennerei (1822), einer Rübenzuckerfabrik (1833) sowie der Schaffung eines landwirtschaftlichen Mustergutes eine neue Zeit ein.

Zwar wurde Schloss (Maria) Loretto bereits Anfang des 19. Jahrhunderts zu einem Sommerquartier adaptiert und in seiner Nähe 1835 eine Militärschwimmschule eingerichtet, die der Klagenfurter Bevölkerung zugute kam. Doch obwohl wenige Jahre später auch in der Veldener Bucht Jakob Kugy die Tischlerkeusche als erstes Seewirtshaus einrichten ließ, können wir bis in die sechziger Jahre des 19. Jahrhunderts noch nicht von einem organisierten Fremdenverkehr sprechen. Bezeichnend dafür ist die Gründung der ersten Wörthersee-Schifffahrtsgesellschaft durch den Freiherrn von Herbert im Jahre 1853, die anfänglich nicht dem lokalen Fremdenverkehr dienen, sondern die Poststrecke zwischen Klagenfurt und Villach auf dem Seeweg verkürzen sollte. Nur einige Klagenfurter Familien zogen jährlich zu Sommerbeginn mit Sack und Pack in Bauernhäuser oder Gasthöfe meist nach Velden, wo sie bescheiden, aber vergnügt die Badesaison verbrachten. Aufgrund des geringen städtischen Einzugsbereiches erreichte dieser Sommerfrischentourismus keine vergleichbaren Dimensionen wie etwa im Umkreis von Wien.

Es waren zunächst zwei staatspolitische Entscheidungen, die zur Jahrhundertmitte in Österreich den Weg für eine moderne demokratische Gesellschaft ebneten und die erstarrten sozialen Schichten in Bewegung brachten. Als Direktfolge der Revolution von 1848 wurden die alten grundherrlichen Verpflichtungen, der Untertansverband der Bauern, abgelöst und auch die sogenannten patrimonialen Gerichte abgeschafft. Die Bauern wurden zu Eigentümern ihrer Liegenschaften und hatten über ihre Wirtschaftsführung plötzlich die uneingeschränkte Eigenverantwortung, was langfristig die touristische Aufbereitung des Wörthersees zumindest in Ufernähe erleichterte. Noch bei den Erhebungen zum Stabilen Kataster in den zwanziger Jahren des 19. Jahrhunderts waren die besten späteren Bade- und Bauplätze sehr gering bewertet worden! Erfreulicherweise finden wir auch noch heute im Hinterland des Sees typische Beispiele der bescheidenen bäuerlichen Wohnkultur des 18. und 19. Jahrhunderts (etwa in Bernach, Hadanig, Reifnitz, Aich oder Görtschach).

Zum zweiten wurden ab 1849 in den habsburgischen Kronländern flächendeckend Ortsgemeinden als kleinste politische Selbstverwaltungskörper eingerichtet, wo bisher nur Grundherrschaft und Landgericht Gericht und Verwaltung ausgeübt hatten. Um den Wörthersee entstanden unter bescheidenen Bedingungen (so war etwa die Stube im Haus des Bürgermeisters meist das Gemeindeamt) die heutigen Gemeinden, doch noch ohne Maria Wörth, das zwischen Schiefling und der einen breiten Seeanteil umfassenden Gemeinde Keutschach aufgeteilt war und erst angesichts des wachsenden Fremdenverkehrs nach Fertigstellung der Süduferstraße 1902 verselbständigt wurde. Keutschach und Krumpendorf teilten sich die Ostbucht auf, und erst dahinter erstreckten sich Viktring und St. Martin, während die Landeshauptstadt überhaupt erst 1938 einen Anteil am See erhalten sollte.

Von der Sommerfrische zur „Fête Blanche": Der Wörthersee seit der zweiten Hälfte des 19. Jahrhunderts im Zeichen des Fremdenverkehrs

Es war die Eisenbahn, die den entscheidenden Impuls einer Entwicklung zur Fremdenverkehrsregion gab. Ab Juni 1863 war zunächst Klagenfurt über die k. k. privilegierte Südbahn von Wien her erreichbar, und zwar zunächst via Graz und Marburg (Maribor) drauaufwärts. Die Bahningenieure selbst waren Tourismuspioniere, indem sie ihr Hauptquartier für den Weiterbau der Trasse nach Villach (1864 in Betrieb genommen) und weiter nach Franzensfeste im Südtiroler Eisacktal in Velden bezogen, dort eine Badehütte errichteten und ihre Familien nachkommen ließen.

In einem ersten Kärntner Fremdenführer von 1861 finden wir Velden und Pörtschach noch nicht vertreten. Doch bald gab es neben den Klagenfurter Ausflüglern auch erste Gäste aus Wien. Dominierte in den sechziger Jahren noch Velden (dessen erste öffentliche Badeanstalt 1865 eingerichtet wurde), so holte Pörtschach im folgenden Jahrzehnt durch die Errichtung des von einer Klagenfurter Aktiengesellschaft im Jahre 1873 errichteten „Aktienhotels" auf. Die Freunde und Gäste (unter ihnen auch der Komponist Johannes Brahms) des Wieners Dr. Karl Kupelwieser, der hier seit 1871 eine Seevilla besaß, empfahlen den Ort weiter und verschafften ihm bald einen ausgezeichneten Ruf als Kurort, besonders nachdem sich Dr. Alfred Leopold hier als Sommerarzt niedergelassen hatte. 1881 hatte sich gegen Norden erhöht über dem alten Dorfkern bereits ein Villenviertel und auf der Halbinsel das sogenannte „Aktienviertel" entwickelt. Bemerkenswerterweise hieß die lokale Eisenbahnstation zuerst Maria Wörth und erst seit dem 1. Mai 1884 Pörtschach am See, obwohl auf der gegenüberliegenden Kircheninsel der Tourismus noch kaum entwickelt war.

Die achtziger Jahre brachten einen großen Aufschwung, mit dem Velden und Pörtschach Anschluss an ein überregionales Gästeniveau fanden. In Velden war es ein Dorfbrand, der 1881 zu einem Innovationsschub führte; in Pörtschach übernahm der Wiener Handelsmann und Porzellanfabrikant Ernst Wahliss im folgenden Jahr die Aktien der in Schwierigkeiten gekommenen Wörthersee-Bad-Gesellschaft und errichtete auf der Halbinsel ein Restaurant, Villen sowie Sport- und Vergnügungsstätten. Das stachelte die heimischen Gastronomen, vor allem Georg Semmelrock-Werzer, ebenfalls zu Investitionen an. Beider Rivalität bekam dem Ort jedoch gut, und Pörtschach entwickelte sich bis zur Jahrhundertwende zum mondänsten „fashionablen" Badekurort im heutigen Österreich. Der 1886 vom Gemeinderat zum Kurort erklärte Ort wurde für Nachkuren nach Marien- oder Franzensbad in Böhmen oder als Zwischenstation von Wien nach Meran oder Abbazia empfohlen.

Auch in Velden war es Wahliss, der durch den Erwerb des halbverfallenen Schlosses den örtlichen Fremdenverkehr langfristig entscheidend förderte. Vom Klagenfurter Architekten Wilhelm Heß ließ er das Äußere des Gebäude wieder in den Originalzustand der Zeit um 1600 bringen, innen aber zu einem Luxushotel umbauen. Nach Wahliss' Tod wäre es an einen Verein zur Unterstützung armer Schüler gefallen, wurde aber von der Gemeinde, da man den neuen Besitzer als geschäftsstörend empfand, unter großen Opfern angekauft und ist mit Höhen und Tiefen d a s Symbol des Wörthersee-Fremdenverkehrs schlechthin geblieben.

Gruß vom Wörthersee, Correspondenzkarte von Johann Leon 1899 mit Ansichten von Schloss Freyenthurn, Maria Wörth und Maria Loretto

Im Vergleich zu den beiden genannten Orten vollzog sich der Aufstieg Krumpendorfs beschaulicher. Anspruchsvolle Gäste fanden hier erst seit den 1890er-Jahren nach einem Umbau des Schlossgutes unter dem Klagenfurter Getränkefabrikanten Josef Pamperl ein entsprechendes Quartier. In allen drei Orten – in Krumpendorf wieder etwas später – trugen örtliche Verschönerungsvereine entscheidend zum Ausbau der touristischen Infrastrukturen, wie Promenaden, Straßenbeleuchtung und Sportanlagen, bei.

Die Zeit von der Jahrhundertwende bis zum Ersten Weltkrieg kann als erste große Blütezeit des Wörthersee-Fremdenverkehrs gelten. Gesellschaftlich führend war unangefochten Pörtschach, gefolgt von Velden und Krumpendorf. Nunmehr wurden auch Töschling und Pritschitz als Ausflugsziele immer beliebter. An der Ostbucht errichteten die Grafen Thurn-Valsassina unterhalb von Freyenthurn das Hotel Wörthersee als repräsentativen Gründerzeitbau, das in diesem Seeabschnitt (über der Schiffswerft) jedoch allein blieb. Trotz des landschaftlichen Reizes und der kunstgeschichtlichen Bedeutung der Kircheninsel Maria Wörth konnte das Südufer erst nach Fertigstellung einer durchgehenden Straße im Jahre 1899 auf breiter Basis erschlossen werden. Die größte Bettenkapazität wies bald Reifnitz auf, wenngleich Maria Wörth für gesellschaftliche Aktivitäten attraktiver war. Parallel dazu wuchsen aber auch Sekirn und Dellach bald zu nennenswerten Fremdenorten heran. Mit der Ausbreitung der Villenbauten von Velden Richtung Südufer (Auen) bekam schließlich auch die Gemeinde Schiefling Anteil am Seefremdenverkehr.

Lediglich das der Landeshauptstadt am nächsten gelegene Maiernigg stagnierte, vielleicht gerade wegen der immer besseren Erreichbarkeit der anderen Orte durch Eisenbahn, Straßen und die Wörthersee-Schifffahrt. Letztere wurde ab 1887 von einer neuen und dynamischen Gesellschaft betrieben, die repräsentative und leistungsstarke Ausflugsschiffe wie die „Thalia" und die „Helios" ankaufte und 1913 von der Stadt Klagenfurt übernommen worden ist. Der Wiener Komponist und k. k. Staatsoperndirektor Gustav Mahler schätzte aber gerade die Abgeschiedenheit und Ruhe und mietete sich ab 1900 in einer Villa zu Maiernigg ein; 1901 ließ er sich in der Nähe seine eigene Villa sowie etwas abseits das kleine Komponierhäuschen errichten, das heute für Interessierte zugänglich ist.

Der Erste Weltkrieg beendete 1914 schlagartig den wirtschaftlichen Aufstieg der Region. An seinem Ende war nicht nur die Habsburgermonarchie zerfallen, der Adel abgeschafft sowie das gehobene Bürger- und Beamtentum dezimiert, was für den Wörthersee den Verlust eines erheblichen Teiles seiner bisherigen Gästeschichten (z. B. aus den Kronländern Böhmen, Mähren sowie aus Ungarn) bedeutete. Die Ansprüche des neugegründeten SHS-Staates (Jugoslawien) auf die gemischtsprachigen Gebiete führten bei Kriegsende zur Besetzung von Teilen Südkärntens, auf die Kärnten seit Dezember 1918 mit zunächst erfolgreichen militärischen Abwehrmaßnahmen reagierte. Nach der neuerlichen Besetzung weiter Landesteile einschließlich der Landeshauptstadt durch Jugoslawien setzten intensive diplomatischen Aktivitäten ein, worauf der Bevölkerung des umstrittenen Gebietes das Selbstbestimmungsrecht in Form einer Volksabstimmung zuerkannt wurde. Der Wörthersee war in dieser Zeit bewachte Demarkationslinie zwischen der Abstimmungszone I, zu der auch die Südufergemeinden gehörten und die am 10. Oktober 1920 trotz slowenischsprachiger Mehrheit mit fast 60 % für einen Verbleib bei Österreich stimmte. Für den Fall eines Entscheids für Jugoslawien hätten in der Zone II vierzehn Tage später auch die Nordufergemeinden sowie die Landeshauptstadt über die künftige Staatszugehörigkeit abstimmen müssen. Prinz Livio Borghese, der italienische Vertreter der Interalliierten Abstimmungskommission, war vom landschaftlichen Reiz des Wörthersees so angetan, dass er 1922 am Südufer bei Kap Wörth (Auen) eine Seevilla erwarb!

Verständlicherweise benötigte der Wörthersee-Fremdenverkehr nach 1920 eine längere Anlaufzeit. Ein entscheidender Hemmschuh war zunächst die katastrophale Wirtschaftslage Österreichs, doch kam dem See zugute, dass er nach dem Verlust der Kurorte Abbazia an Jugoslawien oder Riva und Meran an Italien zur eigentlichen „österreichischen Riviera" aufsteigen konnte. Nun war Velden der gesellschaftliche Mittelpunkt, besonders als Bundespräsident Miklas hier regelmäßig Urlaub machte. Auf zwei unterschiedlichen Ebenen hielt die Moderne kurz Einzug: Der Komponist Alban Berg (1885–1935) arbeitete in Auen an seiner Oper „Lulu", und Josef Hofmann (1870–1956), einer der bemerkenswertesten Architekten der Wiener Sezession, schuf hier für den Wiener Bauunternehmer Eduard Ast 1924 die Villa Haimdall, die allerdings bereits wenige Jahre später durch einen Umbau viel von ihrem Reiz verlor. Doch der Charakter des gesellschaftlichen Lebens veränderte sich allmählich vom Elitären weg zu größerer Breitenwirkung; neben den zahlenmäßig noch dominierenden Österreichern fanden immer mehr Deutsche den Weg zum größten Kärntner Badesee. Diese positive Entwicklung wurde durch Hitlers 1.000-Mark-Sperre im Jahr 1933 jäh beendet.

Das Augenmerk der Klagenfurter Stadtverwaltung hatte sich schon seit dem ausgehenden 19. Jahrhundert zunehmend auf den Wörthersee konzentriert. Zunächst verband eine Pferdetramway, später eine elektrische Straßenbahn das Stadtzentrum mit der Ostbucht. In den zwanziger Jahren wurden das ultramoderne Strandbad und als städtischer Energie-Hauptlieferant das Forstsee-Kraftwerk in der Gemeinde Techelsberg errichtet. Und gleich nach dem „Anschluss" von 1938 wurde die Landeshauptstadt durch Eingliederung eines Großteils der Nachbargemeinden wesentlich vergrößert und erhielt dabei vor allem erstmals einen eigenen Seeanteil. Die noch im Ständestaat 1936 ins Leben gerufenen Wörthersee-Sportfeste wurden erweitert, sodass Klagenfurt bereits als „Garmisch des Sommers" bezeichnet wurde – eine Anspielung auf den Austragungsort der olympischen Winterspiele 1936. Eine monumentale Verbauung der Achse Wörthersee – Stadtzentrum wurde durch den Verlauf des Zweiten Weltkrieges verhindert.

Der Wiederbeginn des Fremdenverkehrs verlief nach 1945 ähnlich langwierig wie nach dem Ersten Weltkrieg und wurde durch neuerliche jugoslawische Gebietsansprüche sowie durch die englische Besatzungsmacht gehemmt, die zahlreiche Hotels beschlagnahmt hatte. Erst ab 1948 tummelten sich neben den Österreichern vor allem deutsche und zunehmend auch italienische Gäste an den Seestränden. In den fünfziger und sechziger Jahren entstand schließlich der vom Film und der Unterhaltungsmusik getragene Mythos der „Rose vom Wörthersee". Der See wurde für Jung und Alt Sinnbild ungetrübten Badevergnügens. Die Eisenbahn und (seit 1968) auch eine Panorama-Autobahn brachten immer größere Besuchermassen an den See. Doch das ökologische Gleichgewicht war durch den Verkehrslärm und die Abwässerbelastung bedroht. Erst der Bau einer Ringwasserleitung und der Bau von Lärmschutzwänden - allerdings mit dem Wermutstropfen einer Sichtbehinderung des prachtvollen Seepanoramas - brachten Erleichterung.

Können wir zurückblickend die fünfziger und sechziger Jahre als eine zunehmend im Zeichen des Massentourismus stehende Blüte des Wörtherseetourismus beurteilen - was besonders in den Plakaten des Veldener Graphikers und Bürgermeisters Prof. Heinrich Ebner (1911–1998) zum Ausdruck kommt -, so kehrte sich der Trend seit dem Ende der siebziger Jahre ins Gegenteil. Hausgemachte Ursachen, wie ein negatives Preis-Leistungs-Verhältnis, die sprichwörtliche Überschuldung mancher Fremdenverkehrsbetriebe und ein auf Schönwetter-, Bade- und Sportvergnügen reduziertes Image sowie allgemeine Trends (Wirtschaftsrezession, zunehmende Leistbarkeit von Fernreisen), ließen die Nächtigungszahlen in den folgenden Jahren erschreckend schrumpfen. Als überaus symbolträchtig erwies sich dabei die Schließung des Schlosshotels Velden im Herbst 1989. Ein von Gunther Sachs geplanter Umbau wurde nach hoffnungsvollem Beginn eingestellt, und die Baustelle drohte zu einem negativen Imageträger zu werden, während parallel dazu die gleichnamige Fernsehserie, an sich ein unbezahlbarer Werbeträger, wie zum Hohn im gesamten deutschen Sprachraum hohe Beliebtheit erlangte. Auch der Abbruch von Hotelbauten auf der Maria Wörther Kircheninsel war mehr als ein Eingriff ins Ortsbild, nämlich sinnfälliger Ausdruck einer gewissen Struktur-, ja Identitätskrise des Wörthersee-

Hotel Schloss Velden, Plakat von Heinrich Ebner, um 1935

tourismus. Und Krumpendorfs Charakter wandelte sich in diesen Jahren allmählich überhaupt von einer Fremdenverkehrsgemeinde zu einer Wohn- und Schlafsiedlung der nahen Landeshauptstadt.

Um die Jahrtausendwende setzte schließlich eine erfolgreiche Gegenbewegung auf verschiedenen Ebenen ein: 1999 wurde aufgrund einer Initiative der örtlichen Bürgermeister der Wörthersee-Rundwanderweg erstellt und schrittweise um kulturelle Aspekte bereichert. Zahlreiche „Events" brachten den Wörthersee zumindest zeitweilig wieder in den Blickpunkt des überregionalen Medieninteresses, wie etwa der „Ironman"-Triathlon oder der Beachvolleyball Grand Slam in der Klagenfurter Bucht, die Megaparty „Fête Blanche" in Pörtschach oder das Golf-GTI-Treffen, über dessen Niveau man sicher nicht zu diskutieren braucht. Nicht alles war erfolgreich, wie die nunmehr nach finanziellem und künstlerischem Scheitern „versenkte" Wörtherseebühne in der Klagenfurter Bucht. Der von der Architekturkritik wohlwollend aufgenommene Um- und Ausbau von Schloss Velden, der aus der „Grande Dame des Wörthersees" seit dem Mai

2007 wieder ein Luxushotel samt angeschlossenen Appartements machte, und die erfolgreiche Revitalisierung des lange im Dornröschenschlaf schlummernden Schlosses Loretto am Ostende des Sees im Jahr darauf durch die Stadt Klagenfurt sind vielversprechende Signale eines neuen Aufschwunges. Die lange Zeit vergessene „Wörtherseearchitektur" der späten Gründerzeit und Ersten Republik findet nunmehr wieder Beachtung, wie sich überhaupt der Kulturtourismus neben den Events als wetter- und krisenfester Faktor etabliert. Sogar die Landeshauptstadt, die sich touristisch lange Zeit von der Region abzusetzen suchte, hat sich durch ihre Namensänderung in „Klagenfurt am Wörthersee" im Jahre 2008 den See gleichsam als Werbeträger aufs Panier geheftet.

Beeinträchtigt wird die neue Zuversicht durch einige Wermutstropfen, die nicht verschwiegen werden sollen: Da ist nach wie vor der Lärm der nahe dem Nordufer verlaufenden Eisenbahntrasse. Und immer öfter beeinträchtigen Terrassenwohnbauten, ja -siedlungen das Landschaftspanorama, was besonders dramatisch beim Blick vom See auf das Kirchenensemble von Maria Wörth ins Auge sticht. Nach wie vor infrastrukturelle Probleme bereiten außerdem die oft nur zeitweilig bewohnten Appartementsiedlungen. Besinnen wir uns auf die eigentlichen Stärken und Reize der Region und schrecken wir nicht vor vielleicht kurzfristig schmerzlichen Korrekturen im bisherigen Konsumdenken zurück, um den Wörthersee, die „Perle Kärntens", weiterhin attraktiv und lebensfähig zu erhalten!

Die Flurdenkmäler des Wörtherseegebietes: Ein Exkurs

Kärnten ist besonders reich an Flurdenkmälern, das sind Bildstöcke, Wegkreuze und Wegkapellen. Als untrennbarer Bestandteil der von Menschenhand geformten Landschaft, der Fluren, sind sie seit Jahrhunderten eine besonders unmittelbare Ausdrucksform der Volksfrömmigkeit geworden, weil sie meist ohne direkte Einwirkung kirchlicher Institutionen von der Bevölkerung in Eigeninitiative errichtet wurden und auch ihre Erhaltung bis zum heutigen Tag im Ermessen der Besitzer, Anrainer oder ganzer Nachbarschaften liegt. Nur

Bildstock an der Süduferstraße beim Schilfweg in Klagenfurt

selten sind die Umstände ihrer Entstehung gesichert überliefert, weswegen sich ihrer vielerorts die Sage bemächtigt hat. Oft stehen sie als Wegweiser an Kreuzungen, markieren Grenzpunkte oder erinnern an Unglücksfälle oder Gelübde. Flurdenkmäler sind oft bis zum heutigen Tage in die örtliche Festtagskultur eingebunden (z. B. bei Umzügen und bei der Segnung von Osterspeisen) oder werden als Stationen bei periodischen Wallfahrten oder Prozessionen genutzt. Immer wieder müssen Bildstöcke aus Verkehrsrücksichten verlegt werden; auch Autounfälle oder umstürzende Bäume bewirken immer wieder die Zerstörung, meist aber auch die Wiedererrichtung solcher Flurdenkmäler. Gerade in den letzten Jahrzehnten sind verfallene oder vernachlässigte Bildstöcke unter großer Anteilnahme der Bevölkerung wiederhergestellt und neu geweiht worden.

Eigens darauf spezialisierte Maler (von denen für das Wörtherseegebiet beispielhaft die lange Jahre in St. Nikolai bei Keutschach ansässige Vera Josefine Kreuzer genannt werden soll) versehen die Bildstöcke in zuweilen kurzen Zeitabständen mit neuen Heiligenbildern und -motiven, die entweder auf individuelle Wünsche der Auftraggeber oder besondere örtliche Gegebenheiten Rücksicht nehmen. An religiösen Motiven dominieren auf den Bildstöcken neben der Gottesmutter Maria, der Dreifaltigkeit und der Kreuzigung einige populäre Heilige mit bestimmten „Aufgaben", allen voran der Feuerlöschpatron Florian und der heilige Christophorus als Patron der Autofahrer. Immer wieder finden sich allerdings an Bildstöcken auch Bilder der Patrone der nächstgelegenen Pfarr- und Filialkirchen. Viele Wegkreuze gehören zu Bauernhöfen und werden von deren Besitzern nicht ohne Stolz instand gehalten.

Während andernorts oft hölzerne (Tirol) oder steinerne Kreuze (Niederösterreich) vorherrschen, sind in Kärnten die gemauerten Bildstöcke zur Norm geworden. Sehr verbreitet sind Pfeilerbildstöcke mit in die Wandflächen vertieften Nischen für die Heiligendarstellungen. Sehr beliebt und in den letzten Jahren gleichsam zur Norm geworden ist der Tabernakelbildstock, bei welchem der Pfeiler einen breiteren runden oder eckigen Aufsatz erhält. Der größte seiner Art in Kärnten ist das acht Meter hohe, um 1500 errichtete Tschachonigkreuz in Arndorf am Techelsberg; als eines von vielen Beispielen soll auch das Kreuz westlich der Pfarrkirche von Augsdorf genannt werden.

Meist im Zusammenhang mit Prozessionswegen und bei Kalvarienbergen finden wir gemauerte Nischenbildstöcke mit Giebeln und mehr oder weniger flachen Bildnischen, die nur eine Hauptschauseite haben.

Und schließlich gibt es noch eine Gruppe von Flurdenkmälern, die in Form und Inhalt schon Wegkapellen nahe kommen und je nach Anlass und Geltungsbedürfnis des Besitzers mit Bildern und Statuen ausgestattet wurden. Das gilt für die Laubenbildstöcke mit vorgeblendetem Säulenpaar und Dreieckgiebel, von denen es nur mehr ein kleiner Schritt zu richtigen Kapellen ist. Inmitten dieser immer repräsentativeren Bildstöcke, bei denen man sich manchmal des Eindrucks eines gewissen Konkurrenzdenkens der Eigentümer untereinander nicht verkneifen kann, werden die ursprünglich einfachen gezimmerten Holzkreuze immer seltener.

Das Wörtherseegebiet ist überaus reich an solchen Flurdenkmälern, die ihre größte Verbreitungsdichte in der Westbucht erreichen. Sie können hier nicht einzeln aufgezählt werden, jeder Kulturwanderer wird sie ganz einfach als Bestandteil der Landschaft erleben.

Die Heilige Hemma von Gurk, Nischenmalerei am Bildstock an der Süduferstraße (Malerei von Vera Josefine Kreuzer)

Rund um den Wörthersee

Zehn Kulturwanderungen

Für den Sommergast gibt es rund um den See eine Reihe von Kulturdenkmälern zu entdecken, zu deren Besichtigung er sich je nach zur Verfügung stehender Zeit und Verkehrsmittel eine individuelle Route zusammenstellen kann.

Eine Anregung für Erkundungen zu Fuß bietet der Wörthersee-Rundwanderweg, der auf etwa 55 Kilometern mit gelben Tafeln bestens beschildert, blau-weiß-blau markiert ist und viele der hier vorgestellten und mit diesem Symbol gekennzeichneten Sehenswürdigkeiten streift. Die betreffende Wanderkarte ist in allen Tourismusbüros erhältlich.

Um auch Fahrradwanderern den Zugang zu den kulturellen Höhepunkten rund um den See zu erleichtern, ist ebenso vermerkt, wenn diese über einen folgender ausgezeichneter Radwege erreichbar sind: Wörtherseeradweg R4, Keutschacher Seentalweg R4a, Lendkanalweg R4b, Drauradweg R1, Ossiacherseeweg R2 oder Kärntner Kulturradweg R7.

Die nachfolgende Gliederung orientiert sich an den Hauptorten der Wörtherseegemeinden als potentielle Ausgangspunkte für kulturelle Entdeckungsreisen, wobei sich die genannten Objekte nicht immer in dieser Gemeinde befinden müssen. Besondere Empfehlungen – auch kulinarischer Art – mit Adressen und Öffnungszeiten sind farblich akzentuiert in die vorgeschlagenen Touren eingearbeitet.

Am Anfang war ein Römerbad: Krump

Bereits in vorgeschichtlicher Zeit sind an den sonnigen Hängen im östlichen Bereich des Wörthersees menschliche Siedlungen nachweisbar. In einem Männergrab bei Pritschitz wurden ein Bronzedolch und ein brauner Henkeltopf gefunden, deren Alter auf etwa 3.000 Jahre geschätzt wird. Auch für das letzte vorchristliche Jahrtausend sind hier menschliche Spuren nachweisbar.

In der Zeit der Römerherrschaft war Krumpendorf eine Straßenstation, die vermutlich den Namen Saloca trug. Ein Meilenstein aus der Zeit des Kaisers Caracalla (213 n. Chr.) und Reste römischer Mauerzüge zeugen davon. Doch gibt es, wie in der Einleitung schon erwähnt, auch Hinweise, die auf die wohl älteste Badetradition in Kärnten verweisen.

Nach der alpenslawischen Landnahme entstand westlich der bisherigen Straßenstation die bäuerliche Ansiedlung Leinsdorf. Zwischen ihr und Niederdorf lag die älteste Ortschaft Krumpendorf, 1429 erstmals erwähnt. Hier, an der Einmündung der Moosburger Straße in die Hauptstraße, stand auch die älteste Gaststätte des Ortes, das heute noch bestehende **Hotel Koch**, Hauptstraße 171, der bereits 1476 das Tafernrecht verliehen wurde. 1704 errichtete der damalige Besitzer des Gasthauses an der gegenüberliegenden Straßenseite einen **malerischen Bildstock**, der noch immer dort zu sehen ist. Ebenfalls an der Hauptstraße, Nr. 164, steht auch das zweitälteste Gasthaus des Ortes, der heutige **Krumpendorfer Hof**. Er war ursprünglich ein Bauernhof und erhielt im 17. Jahrhundert die Tafernrechte.

Die Villen von Krumpendorf R4

Der Aufstieg Krumpendorfs zum Badeort vollzog sich nach dem Anschluss ans Eisenbahnnetz 1864 deutlich langsamer als in Pörtschach und Velden. Der Ort ist im Prinzip eine Streusiedlung und hat das besondere Problem, dass der Ortskern durch die Bahntrasse vom See abgeschnitten wurde und sich dadurch nicht selbstverständlich mit der Strandnutzung entwickeln konnte.

Doch sind auch hier einige Bauten des ausgehenden 19. und beginnenden 20. Jahrhunderts bemerkenswert: So die **Villa Haybäck,** Hauptstraße 112 (1902–03), die einen kräftigen Verschnitt aus Jugend- und Heimatstil verkörpert; die **Villa Vogelberg**, versteckt hinter Bäumen neben dem Kropfitschbad am Strandweg 103 gelegen, entworfen und ausgeführt 1890 von Stadtbaumeister Franz Madile, ein späthistoristischer Bau in altdeutscher Tradition, der seine romantische Wirkung über einer bastionartigen Terrassenanlage entfaltet; die **Villa Schwalbennest** vorm. Janesch, Berthastraße 59 (1889, Friedrich Sigmundt); ; ebenso die **Villa Schmelzer**, Koschatweg 13 (1910, Karl Haybäck). Eine Generation später entstanden die **Pension Sennewald**, Koschatweg 42, (1934, Georg Rupprecht) und vor allem 1930–35 das **Haus Kerndle (heute Schardinger)**, Lorbeerweg 13, von Karl Maria Kerndle, einem der talent- und geistvollsten Schüler des Wiener Jugendstilarchitekten Otto Wagner. Das Haus, das sich auf den ersten Blick wie der Turm eines Sonderlings ausnimmt, erweist sich bei näherer Betrachtung als ein klug konzipiertes Gebäude, das Sonne und Aussicht optimal einfängt.

Villa Schwalbennest in Krumpendorf, 1888

Am westlichen Ortsrand bzw. bei Pritschitz ist mit den **Villen Spitra**, Südbahnweg 141 (1931), **Luckmann**, Werftenstraße 67 (1913) und **Turkovic**, Werftenstraße 73 (1913) auch Franz Baumgartner, der bekannteste Vertreter der Wörtherseearchitektur, vertreten.

Kropfitschbad

Strandweg 93–95, 9201 Krumpendorf, Tel.: (+43)0676/844 630 500, www.kropfitschbad.at

Nach oder vor einem Bad bei Familie Wieser im „Kropfitsch" sitzt man im Restaurant erste Reihe fußfrei am kristallklaren Wasser, genießt regionale und mediterrane Küche mit Traumblick auf den Wörthersee und das Panorama der Karawanken. Das Restaurant ist täglich geöffnet von 9 bis 24 Uhr.

Schloss Krumpendorf

1723 erbte Frau Ursula Edle von Schluga, Besitzerin von Ratzenegg bei Moosburg, einige Anwesen in Krumpendorf und begann 1735 mit dem Schlossbau, erwarb zwei Jahre später auch den Zechnerhof in Leinsdorf und schuf so die Grundherrschaft Krumpendorf. 1797 wurde der Besitz an die Familie Lanner verkauft, die ab 1812 unter dem unternehmerischen Geist Thaddäus von Lanner einen enormen wirtschaftlichen und gesellschaftlichen Aufstieg erlebte.

Heute zeigt sich das an der Hauptstraße/Lorbeersteig gelegene Schloss als schlichter fünf- bzw. sechsachsiger dreigeschossiger Bau mit hohem Walmdach. Die Aufstockung und dezente Fassadengliederung mit ein- und zweiachsigen Mittelrisaliten bzw. Giebelbekrönungen stammen aus den Jahren 1820/21. In der Halle des Erdgeschosses befindet

Schloss Drasing

sich ein Tonnengewölbe mit Stichkappen und Gurtbögen sowie eine marmorne Renaissancetürrahmung, ein ehemaliger Kamindekor, aus Limmersach. Das östlich an der Straße stehende bemerkenswerte barocke Gitter stammt aus Silberegg am Krappfeld. Von den ehemaligen zwei Meiereigebäuden stammt das siebenachsige aus der Erbauungszeit des Schlosses und wurde 1823 aufgestockt, das vier Jahre später erbaute zweite ist ebenso wie die südöstlich gelegenen ehemaligen Stallungen völlig umgestaltet.

Nördlich des Schlosses befindet sich ein 1828 von Lanner angelegter Park mit zwei Gartenhäusern (heute Privatbesitz). Bemerkenswert sind der von der Straße aus zu sehende klassizistische Giebel mit einem Fresko der römischen Erd- und Fruchtbarkeitsgöttin Pomona, ein römischer Schalenbrunnen sowie zwei römerzeitliche Grabinschriften aus Virunum.

Einen vorzüglichen Blick auf Krumpendorf und den Wörthersee hat der Gast von den schönen Aussichtspunkten Josefshöhe (erreichbar über Lannerweg/Almweg Richtung Drasing) und Suezecke (Hornsteiner Weg) im Norden des Ortes, die als kleine Plateaus einladend aus dem Buchenwald hervortreten.

Schloss Drasing

Das malerische Schloss, nördlich von Krumpendorf auf einer Anhöhe am Eingang in ein enges, bewaldetes Tal stehend, wird urkundlich bereits 1284 und 1362 erwähnt. Der dreigeschossige, burghafte Bau mit dem markanten Turm an der Südostecke und Zinnenbekrönungen im Mittelteil der Nord- und Südfront ist in seinem heutigen Erscheinungsbild

Schloss Hornstein, Zeichnung von Markus Pernhart, Mitte 19. Jahrhundert

ein Werk der Renaissance. Über dem nordseitigen Eingangsportal befindet sich das neuangefertigte Wappen der Feulner, die es von 1492 bis 1630 innehatten. Nach einigen Besitzerwechseln gelangte das zur Ruine verfallene Schloss 1832 an Thaddäus von Lanner, der es bis 1843 grundlegend wiederherstellte und dabei auch den Turm erhöhen ließ. Der quadratische Laubenhof mit Pfeilern und Säulenarkaden wurde 1973 restauriert und überdacht. Bemerkenswert ist auch der Rittersaal mit einem Renaissancekamin im zweiten Stock des Osttraktes.

Schloss Hornstein

Ebenfalls nördlich von Krumpendorf inmitten dichten Waldes liegt Schloss Hornstein, im 15. Jahrhundert von Ulrich Hornsteiner (vorher Hornburger genannt) erbaut. Der Stammsitz dieser Familie war der Ramschißlhof bei Hochosterwitz. Wie lange die Hornsteiner auf diesem Schloss saßen, ist nicht bekannt. Wir wissen nur, dass es seit dem 17. Jahrhundert sehr oft seine Eigentümer wechselte und dass es 1865 Otto Daublewsky, Freiherr von Sterneck, erwarb. Das kleine kubische, dreiachsige Bauwerk besitzt zwei diagonalgestellte Ecktürme mit flachen Kegeldächern, die dem Schloss einen wehrhaften Charakter geben. Nördlich befindet sich ein neuer Zubau. Über dem rundbogigen, rustizierten Portal zeigt das steinerne Wappen drei Sterne - das Wappen derer von Sterneck.

Von hier aus empfiehlt sich ein Spaziergang von einem guten Kilometer auf dem Wörthersee-Rundwanderweg vorbei an der in einen Hang gebauten Klempferer-Kapelle zum Naturdenkmal der Gletschertöpfe.

Pfarrkirche St. Ulrich in Pirk

Das eigentliche Pfarrdorf dieser Gegend ist das idyllisch gelegene Pirk, in einiger Entfernung an der Straße nach Moosburg gelegen. Die Kirche St. Ulrich, 1321 urkundlich erwähnt, war einst dem Kollegiatstift Maria Saal unterstellt und ist heute eine Filiale von Krumpendorf. Im Kern ist sie eine romanische Chorturmkirche, deren massiger Turm noch die ursprünglichen gekuppelten Fenster, eine südseitige Lichtscharte und ein Pyramidendach aufweist. In spätgotischer Zeit erfolgte nördlich ein Sakristeianbau mit einer inneren Wendeltreppe. Die Rundapsis, die südliche Seitenkapelle sowie die westliche Vorhalle über toskanischen Rundsäulen wurden hingegen erst in der Barockzeit bzw. im 19. Jahrhundert angefügt. Am Westeingang besticht ein gotisches Spitzbogenportal. Das Kirchenschiff weist auf Wandpfeilern gratige Kreuzgewölbe mit einer ornamentalen Bemalung des 16. Jahrhunderts auf. Auch der Turm erhebt sich über einem quadratischen Kreuzgewölbe. Der weiträumige barocke Chor ist tonnengewölbt mit Stichkappen und Lünettenfenstern und ist südseitig mit der ebenfalls barocken, tonnengewölbten Annenkapelle verbunden.

Der Hochaltar vom Anfang des 18. Jahrhunderts zeigt Figuren der Heiligen Ulrich, Leonhard und Florian, der Volksaltar besitzt ein barockes geschnitztes Antependium von 1740. Der Annenaltar aus der Zeit um 1725 stammt aus der Pfarrkirche von Metnitz; das Altarblatt mit den Heiligen Anna und Maria wurde im 19. Jahrhundert verfertigt. Das Weihwasserbecken neben dem Eingang ist mit 1673 bezeichnet.

Schloss Hallegg R7

Nordöstlich von Krumpendorf, vorbei am Naturschutzgebiet rund um die amphibienreichen Hallegger Teiche, gelangt man zum Schloss Hallegg, an einem ostwärts abfallenden Berghang gelegen. Urkundlich 1213 mit dem höfischen Burgnamen „Heileke" erwähnt und Sitz des Ministerialengeschlechtes der Hallegger, die beim Ausbau der Stadt Klagenfurt um die Mitte des 13. Jahrhunderts eine bedeutende Rolle spielten, kam die Burg später in den Besitz der Welzer von Eberstein, die 1546 mit dem Umbau zu einem Schloss begannen, ein Vorhaben, das 1576 mit einer erheblichen Vergrößerung seinen Abschluss fand.

Blick durch den oberen Arkadenhof von Schloss Hallegg

Heute bietet sich das Schloss als bemerkenswerter großer vielgegliederter Renaissancebau mit burgartigem Charakter über einem unregelmäßigen Grundriss um zwei Innenhöfe dar. Die Fassade mit der willkürlichen Fensterreihung ist betont schmucklos. Durch die beiden Umbauten des 16. Jahrhunderts entstanden die zwei Arkadenhöfe, von denen der untere zweiseitige einen charakteristischen offenen Laubengang zum runden Kapellenturm an der Nordostecke erhielt. Der eine Generation jüngere Zubau eines massiven, fast quadratischen westlichen Wohngebäudes mit einem großen tonnengewölbten Rittersaal und gekuppelten Renaissancefenstern im oberen Geschoss spiegelt die lokale adelige Baublüte des letzten Jahrhundertdrittels wider.

Am nordseitigen Torturm befindet sich ein Inschriftenstein des Erbauers von 1546 mit einem Wappen der Welzer, in der östlichen Außenmauer des ersten Hofes ist ein römerzeitliches Grabbaurelief mit der Darstellung eines Schreibers eingemauert. Die Schlosskapelle im Rundturm ist dem heiligen Franziskus geweiht und besitzt leider übertünchte barocke Fresken des Gurker Hofmalers Georg Pfisterer sowie einen Altar aus der Zeit um 1740.

Seit einigen Jahren wird das Schloss als Hotel mit Cateringbetrieb genutzt, sodass ein beschränkter Zugang möglich ist.

Pfarrkirche Tultschnig R7

Einen knappen Kilometer nördlich von Hallegg steht inmitten des Dorfes Tultschnig von einem Friedhof umgeben die Pfarrkirche zum heiligen Johannes dem Täufer. Die ursprünglich romanische Chorturmkirche ist vermutlich im späten

Ostansicht der Pfarrkirche von Tultschnig

16. Jahrhundert mit einem neuen Altarraum, einer Kapelle und der Sakristei versehen worden. Der starke Turm trägt einen barocken Zwiebelhelm mit einer Laterne. Neben dem Eingangsportal sind zwei Grabplatten, an der Sakristeiostwand die Fragmente eines monumentalen spätgotischen Christophorus eingemauert.

Das Kirchenschiff ist höher als der Chor und tonnengewölbt, Turmquadrat, Chor und Kapelle hingegen mit Kreuzgraten. Die Glasfenster stammen vom Beginn des 20. Jahrhunderts. Die drei Altäre aus dem 18. Jahrhundert besitzen Empiredekor: Am Hochaltar sind die Taufe Christi und Figuren der Heiligen Isidor und Notburga zu sehen, am rechten Seitenaltar der Nährvater Josef mit Kind sowie der heilige Ulrich. Der linke Seitenaltar hat eine sehr volkstümliche Darstellung im Zentrum: Drei Pilgern erscheint das Gnadenbild der Gottesmutter von Genazzano; im Aufsatz der heilige Antonius.

Die Schlösser Seltenheim (im Vordergrund) und Hallegg, Ölgemälde von Markus Pernhart, um 1860

An der Nordwand des Kirchenschiffes ist ein Renaissanceepitaph eingemauert, welches ein Auferstehungsrelief sowie in kniender Haltung das Ehepaar Konrad und Anna von Liechtenstein, damals Besitzer von Seltenheim, zeigt.

Schloss Seltenheim R7

Über die Anfänge dieses weiter in Richtung Wölfnitz isoliert auf einem Hügel am Rande des Golfplatzes gelegenen Schlosses ist fast nichts bekannt. Nach einer überaus detailgetreuen Bleistiftskizze Markus Pernharts könnten die Anfänge einer Burg sogar noch ins Hochmittelalter zurückreichen. Die wichtigsten Besitzer zur Barockzeit waren die Windischgrätz, unter denen das Objekt im 19. Jahrhundert jedoch zur Ruine verkam. In der heutigen Form ist Seltenheim ein romantisch beeinflusster Neubau des Georg Kometter zu Trübein auf den Grundmauern der Ruine ab 1848. In den letzten Jahren wurde er umfassend renoviert und erhielt im Westen einen neuen Wohntrakt. Ein langgestreckter zweigeschossiger Bau gruppiert sich heute über einem unregelmäßigen Grundriss um einen kleinen offenen Innenhof mit Pfeilerarkaden. Das Stiegenhaus in der Südostecke des Hofes wurde später dazugebaut. Die Westfront ist von einem dreigeschossigen Turmbau unterbrochen, an der Südwestecke ragt ein Erker auf Kragsteinkonsolen empor. Am spitzbogigen Eingangsportal sind die Wappen der Kometter-Fritsch zu sehen.

Der einzige gesichert erhalten gebliebene Teil der Zeit vor 1848 ist die der Heiligsten Dreifaltigkeit geweihte Schlosskapelle. Laut einer Inschrift an der Südfassade wurde sie 1668 von Johann Friedrich von Windischgrätz erbaut und zwei

Jahre später geweiht. Durch ein Portal mit geradem Sturz erschließt sich ein hoher schmaler Bau mit einem wenig eingezogenen Chor und einem dreiseitigen nördlichen Chorabschluss über steilem Fels. Schiff und Chor sind tonnengewölbt und mit Stichkappen versehen. Die dreiachsige Orgelempore ruht auf zwei toskanischen Säulen und Rundbögen.

Das Altarblatt des bemerkenswerten Hochaltars von 1668 zeigt die Heiligste Dreifaltigkeit und Figuren der Heiligen Petrus, Paulus und der vier Kirchenväter, im Aufsatz befinden sich Statuetten der vier Evangelisten sowie das Allianzwappen Windischgrätz und Strasser von Neudegg. Beide Seitenaltäre stammen ebenfalls aus der Mitte des 17. Jahrhunderts: Am linken sind die Kreuzigung und die Kreuzabnahme, als Statuette die heilige Katharina zu sehen; am rechten die Marter des Pestpatrons Sebastian und die Auferstehung, als Statuette eine weibliche Heilige. An beiden Altären befinden sich im Aufsatz Putten mit Wappenkartuschen.

St. Andrä bei Seltenheim R7

Auf einem weiteren Hügel östlich des Schlosses liegt, von einem Friedhof umgeben, die kleine gotische Kirche St. Andrä. Der älteste erhaltene Bauteil, ein kräftiger Westturm des 13. Jahrhunderts mit gekuppelten Schallfenstern und Schießscharten, behielt seine Wehrhaftigkeit bis ins 18. Jahrhundert. Wie das Langhaus ist er mit Steinplattln gedeckt. An der Außenmauer der Kirche sind Grabsteine eingemauert, unter anderem auch der Oberteil einer römerzeitliche Grabstele mit Adler und Schlange in einem Giebel sowie Meergreifen in den Ecken.

Im Kircheninneren besticht neben der hölzernen Sängerempore mit gemalter Maßwerkzier an der Brüstung die kleine gotische Sakramentsnische mit einem Rosengitter. Der Hochaltar stammt aus der Zeit um 1680, die Figuren der Heiligen Andreas, Georg und Florian sind mit 1722 bezeichnet. Die beiden Seitenaltäre werden durch den üppigen Schnitzdekor, das sog. Laubbandlwerk, über den Triumphbogen verbunden. Links sieht man Statuen der Maria Immaculata und den Apostel Andreas, rechts die Heiligen Oswald und Georg, volkstümliche Schnitzwerke wie auch die kleine frühbarocke Davidfigur vor der Sängerchorbrüstung.

St. Andrä bei Seltenheim

Am Friedhof finden sich mehrere Wappengrabsteine der Familie Kometter zu Trübein, die das benachbarte Schloss Seltenheim im vorigen Jahrhundert wiedererrichten ließen.

Durch Sümpfe geschützt:

Ob dieses Moosburg wirklich mit der karolingische Pfalz zu identifizieren ist, die 879 von König Karlmann errichtet wurde und in der 889 Arnulf von Kärnten urkundet, muss bis zur endgültigen archäologischen Klärung als umstritten gelten. Die heute erkennbaren Burganlagen reichen nicht weiter als ins 12. Jahrhundert zurück. Von dieser Zeit bis ins 15. Jahrhundert war die Herrschaft im Besitz der Grafen von Görz-Tirol, die daraus ihre Kärntner Pfalzgrafenwürde ableiteten, gehörte bis zur Ausweisung der Protestanten 1629 der Familie Ernau und kam nach wechselvoller Geschichte 1708 an die Grafen Goëss.

Hetzelburg oder „alte" Moosburg
Nordwestlich des Ortes über dem Moorboden gelegen, ist eine ausgedehnte dreiteilige Burganlage zu erkennen. Am eindruckvollsten ist ein noch 17 Meter hoch erhaltener Turm über quadratischem Grundriss mit Lichtscharten, der fälschlicherweise mit dem letzten Karolingerkaiser in Zusammenhang gebracht wurde und als sogenannte „Arnulfsfeste" auch ins Wappen der Gemeinde Moosburg Eingang fand, aber wohl erst dem frühen 14. Jahrhundert zuzuordnen ist. Weitere Mauerreste der eigentlichen Hauptburg sind auf dem Thurnerhügel zu sehen, so ein turmartiges Haus mit Bering und Mauerpfeilerreste der hölzernen Brücke im Westen.

Das rätselhafte Moosburg

Die „neue" Moosburg

Sie wurde im frühen 16. Jahrhundert von Georg von Ernau erbaut und von seinen Nachfolgern im 17. Jahrhundert umgestaltet und erweitert. Die Außenbefestigungen sind teilweise erhalten geblieben: Futtermauern, Grundmauern von Türmen und ein Rundturm im Nordosten. Die Anlage nahe der Schlossallee besteht aus zwei wuchtigen, zueinander leicht verschobenen viergeschossigen Baukuben mit Sattelwalmdächern. Ein Laubengang verbindet den hoch aufragenden Schlosskomplex mit dem niedrigen zweigeschossigen Südflügel. Im Haupttrakt befindet sich eine bemerkenswerte spätgotische zweischiffige und fünfjochige Halle mit vier mächtigen oktogonen Pfeilern. Die darunter liegende Kellerräume sind tonnengewölbt. Auch eine Stuckdecke von 1590 blieb erhalten: In den Feldern sind Halbfiguren von Papst Sixtus V., Kaiser Rudolf II., eine Wappenträgerin mit den Wappen der Ernau und Keutschach, Sultan Murad III. und der Großmufti dargestellt. Leicht zurückspringend und durch ein Zeltdach mit Dachreiter gekennzeichnet ist die Schlosskapelle ein quadratischer Raum mit einer Holzkassettendecke und Blumenmalerei. Der Hochaltar stammt aus der Mitte des 17. Jahrhunderts und zeigt die Flucht nach Ägypten, darüber die Heilige Familie als Bildtypus des Heiligen Wandels, darüber den Apostel Andreas und seitlich die Figuren der Heiligen Anna und Antonius aus der ersten Hälfte des 18. Jahrhunderts.

Schloss Moosburg, Ölgemälde von Werner Loisel, 1994

Das Karolingermuseum

In einem malerischen zweigeschossigen Gebäude befindet sich ein liebevoll gestaltetes Museum, das in zehn Räumen die 1.100-jährige Geschichte und Entwicklung des Moosburger Beckens darstellt. Neben Urkunden, Katasterplänen und Modellen des karolingischen Alltags liegt das Hauptaugenmerk auf der Aufarbeitung der Karolingerzeit in Kärnten. Auch etliche Artefakte und Originale (z. B. Flechtwerksteine) sind zu sehen, außerdem wird das Leben Arnulfs von Kärnten und seiner Familie dargestellt.

Karolingermuseum

Krumpendorfer Str. 3, 9062 Moosburg, Tel.: (+43)04272/83090

Öffnungszeiten: Mitte Juni bis Mitte September Mo–Sa 10–12 und 15.30–18.30 Uhr, So 10–12 Uhr. Nach Vereinbarung sind Sonderführungen auch zu anderen Zeiten möglich.

Pfarrkirche Moosburg

Der große, den Ort vom Westen her beherrschende Bau ist den Heiligen Michael und Georg geweiht. Im dritten Viertel des 18. Jahrhunderts kam es zu einem großzügigem barocken Umbau und einer Umorientierung der mittelalterlichen, im Kern romanischen Kirche. Der Bau ist heute gewestet und über eine breite Freitreppe über einer Füllmauer mit Blendarkaden zu erreichen. Die betonte barocke Ostfassade, die den ehemaligen Chor verbirgt, ist durch eine toskanische Riesensäulenordnung mit vorspringendem Mittelrisalit und Dreiecksgiebel gegliedert. Der ehemalige Chorturm, zurückver-

Das Grabmal des Ulrich von Ernau, gest. 1607, in der Vorhalle der Pfarrkirche in Moosburg

setzt über der Fassade, ist durch Ecklisenen, Blendarkaden und Biforenfenster im Glockengeschoss bestimmt. An der Außenmauer sind einige Römersteine eingearbeitet, so eine Grabstele mit den Portraitbüsten eines Ehepaares vom Anfang des 3. Jahrhunderts n. Chr. und Grabbaureliefs mit einem Tänzer auf Akanthusblüten und einer Schreiberdarstellung.

Die barocke Vorhalle befindet sich im ehemaligen gotischen Hauptchor, das Kreuzgratgewölbe auf Konsolen stammt aus dem 15. Jahrhundert. Hier befindet sich auch das Grabmal des Ulrich von Ernau, gestorben 1607, und seiner drei Frauen; das Hochrelief wird Martin Pocabello zugeschrieben. In den westlichen romanischen Bögen ist ein barockes Schmiedeeisengitter eingelassen. Am Aufgang zum Turm befindet sich ein von Pilastern begrenztes römerzeitliches Grabbaurelief mit der Darstellung der Befreiung Andromedas durch Perseus. Der barocke Saalraum wird durch zwei Längsgurte dreigeteilt und ist platzlgewölbt. Die Orgelempore im Mittelschiff schwingt stark vor und ruht auf schlanken, hölzernen Balustersäulen, über der Sakristei befindet sich ein Oratorienerker. Alle Hauptbilder der Wandmalereien sind in Grisaillemedaillons eingelassen.

Am Hochaltar sind auf dem Altarblatt der Erzengel Michael, seitlich die Heiligen Johannes der Täufer, Petrus, Paulus und Andreas, im Aufsatz eine Marienkrönung zu sehen. Der Marienaltar mit dem Mariazeller Gnadenbild, der Josefsaltar, der Nepomuk- und der Kreuzaltar sind architektonisch reich gegliedert und mit Schnitzfiguren besetzt. Wappengrabsteine und ein karolingischer Flechtwerkstein runden den Gesamteindruck ab.
Der Pfarrhof westlich oberhalb der Kirche stammt aus dem 16. Jahrhundert und ist ein schlichter zweigeschossiger Bau mit Seitenrisaliten.

Evangelisches Gemeindehaus R2

Dieser schlichte, fast programmatisch bescheiden wirkende Holzbau mit einem einfachen Glockenträger stammt aus dem Jahr 1936. Die Assoziation mit puritanischen Pionierbauten in Amerika ist nicht zufällig, kamen doch von dort immer wieder Impulse für die moderne Architektur. Unterstützt von der Architektin Jana Revedin wurde der Hallenbau auf Pfahlstützen 2009 von ehrenamtlich arbeitenden Gemeindemitgliedern revitalisiert und dabei vor allem der ursprüngliche Charakter eines offenen Versammlungsraumes wiederhergestellt.

Doppelwappen über dem Hauptportal von Schloss Ratzenegg, 1688

Ratzenegg R2

Das Schloss in erhöhter Lage über der Straße nach Klagenfurt wurde 1333 von Friedrich von Hallegg erbaut, blieb durch Jahrhunderte im Besitz dieser Familie und wurde um 1600 großzügig ausgebaut. Der frühneuzeitliche Kernbau steht über einem annähernd quadratischen Grundriss und ist eine hakenförmige Anlage mit einem Hof und zwei Eckerkern auf Kragsteinen und Säulen. Dann erfolgte der Zubau eines dreigeschossigen kastenförmigen Gebäudes mit Hofarkaden und einem mächtigen, weit vorspringenden halbrunden Turm. Im Erdgeschoss sieht man noch die Stallungen mit Gewölben auf Säulen, an der West- und Ostfront Renaissancezwillingsfenster. Am prächtigen Rustikaportal sind die Wappen der Familien Hallegg, Staudach, Deutenhofen und Kronegg angebracht.

Refugium der Wiener Gesellschaf

Während die Siedlungs- und Verwaltungsgeschichte dieser Gemeinde vom Mittelalter bis ins 19. Jahrhundert von Burg und Herrschaft Leonstein bestimmt war, ist die Entwicklung des Kur- und Fremdenverkehrsortes untrennbar mit der Eröffnung der Südbahn im Jahre 1864 verbunden. Von den achtziger Jahren bis zur Jahrhundertwende stand sein Aufstieg im Zeichen der Rivalität einer ortsansässigen Familie mit einem kosmopolitischen Unternehmer: Während die Familie Werzer schon seit 1780 mit dem Erwerb des mindestens seit 1423 bestehenden Gasthofes Weißes Rößl ihren wirtschaftlichen und gesellschaftspolitischen Aufstieg langsam, aber stetig vorantrieb, war der Wiener Porzellanfabrikant Ernst Wahliss gleichsam ein Quereinsteiger, der 1882 den Besitz der in Schwierigkeiten geratenen Wörther-See-Bad-AG erwarb, neue Villen und ein Restaurant errichten und die langgestreckte Halbinsel durch Parkanlagen und Promenadenwege freundlich gestalten ließ.

Georg Semmelrock-Werzer fand Rückhalt in der örtlichen Bevölkerung und brachte es zum Bürgermeister, Wahliss dagegen blieb isoliert – immerhin bewirkte beider Rivalität für Pörtschach einen enormen Innovationsschub, der dem Ort zum Vorteil gereichte.

Leider fand sich nach Wahliss' Tod im Jahre 1900 kein geeigneter Nachfolger, sodass das ursprüngliche Etablissement seines **Parkhotels** wieder verkauft werden musste. Dessen weiteres Schicksal stand unter keinem guten Stern: Nach mehreren Pleiten und Verkäufen, die auch die Gemeinde in beträchtliche Schwierigkeiten brachte, wurde es 1960 abgerissen und durch einen umstrittenen Neubau ersetzt. Das Wohnhaus der Familie Wahliss wurde als letzte der Villen des gleichnamigen Etablissements 1976 abgetragen. Das **Seehotel Werzer Astoria** dagegen ist mittlerweile zu einer ganzen Hotelstadt angewachsen und ein Leitbetrieb des Wörthersees.

Die Villen und Badeanlagen von Pörtschach R4

Durch die Rivalität des ortsansässigen Unternehmers Georg Semmelrock-Werzer mit dem Wiener Porzellanfabrikanten Ernst Wahliss profitierte auch und vor allem Pörtschach. Von dem einzigartigen Ensemble von Bauten um die Jahrhundertwende seien hier stellvertretend nur einige erwähnt. Besonders die beiden Architekten Josef Viktor Fuchs und Franz Baumgartner prägten ganz entscheidend das Bild des Kurortes.

Büste des Fabrikanten und Hoteliers Ernst Wahliss auf der Pörtschacher Halbinsel

Die Villen **Seeblick** (1888) und **Seewarte** (1892, heute Hotel am See), Hauptstraße 243 bzw. 241, von Fuchs bilden mit ihren Zubauten ein äußerst reizvolles historisches und architektonisches Ensemble. Die **Villa Venezia**, Johannaweg 1 (1896, ebenfalls von Fuchs), zählt zu den schönsten Bauten Pörtschachs. Gerade an diesem Beispiel ist besonders gut das außerordentlich reichhaltige Repertoire des romantischen Späthistorismus zu erkennen, wobei der Architekt hier Anleihen bei der italienischen Renaissance genommen hat. Die **Villa Wörth**, Johannaweg 5 (1891, Fuchs), liegt inmitten einer Reihe großer Seevillen, die das besterhaltene Ensemble Kärntens aus der Zeit der Jahrhundertwende bilden; sie ist von der deutschen Renaissance bestimmt.

Nicht am See, sondern an der Hauptstraße liegt die imposante **Villa Hoyos** (Hauptstraße 120). Sie wurde 1895 nach den Plänen eines uns unbekannten französischen Archi-

Villa Romanini in der Pörtschacher Augustenstraße, 1893

tekten in nationalromantischer Tradition errichtet. Nach der Jahrhundertwende änderte sich die Architekturgesinnung vom Historismus hin zum Jugendstil und später zum Heimatstil. Diese verschiedenen Stilrichtungen wurden nicht in puristischer, reiner Form angewandt, sondern miteinander vermischt und haben somit eine eigene „Sprache", die der Wörtherseearchitektur, geschaffen. Ihr wichtigster Repräsentant war ab 1909 Franz Baumgartner. Unter anderen stammen von ihm die **Villen Almrausch**, Hauptstraße 110 (1913), **Edelweiß**, Hauptstraße 106 (1910), **Luckmann**, Werftenstraße 67 (1913), und **Turkovic**, Werftenstraße 73 (1913). Vor allem die beiden letzteren, östlich von Pörtschach bei Pritschitz gelegenen (s. a. S. 36), gehören zu den Schlüsselbauten im Werk Baumgartners, weil hier die räumliche Tradition des englischen Landhauses mit der bürgerlichen Architektur der vorindustriellen Zeit verbunden wurde.

Das **Werzer-Kino**, Werzer Promenade 1, von 1930 ist charakteristisch für die späten Bauten Baumgartners, die sich noch alle Elemente eines sezessionistischen Stils bewahrt haben und sich dadurch problemlos in die vorhandenen Ensembles einfügen. Nach einer glanzvollen Vergangenheit – alle Wörthersee-Filme erlebten hier ihre Premiere – geht der Bau nun einer gesicherten Zukunft entgegen, nachdem er von einem Glasfliesenproduzenten prachtvoll renoviert wurde. Zwei Kinosäle, eine Bühne und Ausstellungsräume warten auf Cineasten und Nostalgiker.

Unter den Baudenkmälern Pörtschachs genießt das **Werzer-Bad**, Werzer Strand 16, eine ganz besondere Stellung: Es ist Kärntens letzte heute noch erhaltene, repräsentative Badeanlage der Jahrhundertwende. Als Architekt dieses 1895 er-

Villa Seeblick von Josef Viktor Fuchs, 1888

richteten, filigran wirkenden Baues mit strenger Geschlechtertrennung bei den Schwimmbecken und Kabinenbauten ist Josef Viktor Fuchs zu vermuten, der ein ähnliches Bad für Velden und ein weiteres für Pörtschach geplant hat.

Schloss Leonstein R4

Die historische Entwicklung Pörtschachs wurde lange Zeit von der Herrschaft Leonstein bestimmt. Während das Gebiet früher dem freisingischen Maria Wörth unterstand, erhielt zwischen 950 und 1000 n. Chr. ein Adelsgeschlecht aus dem Rheinland die Gegend als Lehen. Jene Edlen erbauten sich die Seeburg (von der heute keine Spuren zu finden sind) und nannten sich von nun an die „Seeburger". In ihr Wappen nahmen sie einen Fisch auf, der ein Blatt im Maul trägt. Unweit davon erbaute in der zweiten Hälfte des 12. Jahrhunderts Leopold von Projern, Nachkomme eines Salzburger Ministerialen, die Burg Leonstein (s. S. 58). Die Rivalitäten zwischen den jeweiligen Burgbesitzern wurden erst durch eine Heirat hundert Jahre später ausgeglichen. Als 1335 auch das Herzogtum Kärnten an die Habsburger kam, wurde die Seeburg zugunsten der Burg Leonstein aufgegeben und 1386 ein letztes Mal erwähnt. 1490 kaufte Gebhard Peuscher die

Das Werzer-Bad in Pörtschach, 1895

Herrschaft Leonstein. Sein Nachfolger dürfte um 1553 das an der Bundesstraße/Leonstainerstraße gelegene Schloss erbaut haben, das aus dem ehemaligen Meierhof der Burg hervorgegangen sein soll. Die herrschaftlichen Funktionen der Burg gingen im 17. Jahrhundert auf den Neubau an der Fernstraße über, während die alte Burg verfiel. Heute ist Schloss Leonstein Eigentum der Familie Neuscheller und ein Aushängeschild des gehobenen örtlichen Tourismus.

Das zweigeschossige, langgestreckte Gebäude stammt im Kern aus dem 16. Jahrhundert. Der fünf- bzw. sechsachsige Bau umschließt einen reizvollen kleinen Innenhof mit Brunnen und Renaissancelöwen. Im Obergeschoss wird ein umlaufender Laubengang von Kragsteinen abgestützt. Über dem Eingangstor am straßenseitigen Trakt ist das Wappenfresko der Peuscher von Leonstein von 1598 zu sehen. Die Zubauten der Ostseite stammen aus neuester Zeit und wurden dem Stil des Renaissancebaus angepasst. Im äußeren Hof wurde dem Komponisten Johannes Brahms, in Erinnerung an seine wiederholten Aufenthalte in Pörtschach, 1907 ein Denkmal gesetzt, ausgeführt von Berta Kupelwieser.

Die Pfarrkirche zum heiligen Johannes dem Täufer R4

Die 1328 urkundlich erwähnte Kirche wich 1787 bis 1794 einem spätbarock-klassizistischen Neubau. Nach dem Turmeinsturz im Jahre 1891 nutzte man den Anlass für eine dem aufstrebenden Kurort entsprechende Vergrößerung, Neufassadierung und Neuausstattung nach Plänen des örtlichen Architekten Josef Viktor Fuchs, welche 1904 bis 1906 ausgeführt wurden.

Schloss Leonstein

Der dreischiffige Bau am Kirchplatz zeigt in seiner Neorenaissancefassade eine Pilastergliederung und von Archivolten eingefasste Fenster und Nischen. Die innere Wandgliederung ist dem Außenbau angepasst. Das Tonnengewölbe ist mit stuckierten Feldern und gemalten biblischen Szenen geschmückt. Die Seitenschiffe sind von durchgehenden Emporen unterteilt, die gemauerte dreiachsige Orgelempore ruht auf Mauerpfeilern.

Am historistischen Hochaltar finden sich noch barocke Figuren der Gottesmutter Maria und des Johannes, anstelle des früheren Mittelfensters befindet sich ein Gemälde Christi am Kreuz, eine Kopie nach Antonis van Dyck, aus dem Jahr 1909. Die beiden Seitenaltäre sind ebenfalls historistische Arbeiten von Anfang des 20. Jahrhunderts: Am linken sind eine sitzende Mater dolorosa sowie Gemälde der Heiligen Anna und Theresia zu sehen; am rechten der heilige Antonius bzw. Bilder der Heiligen Josef und Georg. Die beiden großen Bilder in den Seitenschiffen sind Stiftungen aus dem Jahr 1905: links die Kopie der Sixtinischen Madonna, rechts der Josef Nährvater. Die Krönung Mariae neben der Kanzel ist eine Kopie nach dem spanischen Maler Diego de Velazquez. Erst 2008 wurde die neue Eisenbarth-Orgel geweiht.

Burgruine Leonstein

Nordwestlich oberhalb des Ortes auf einem weitläufigen Felskegel errichtet, ist die eindrucksvolle Burganlage um zwei weitläufige Höfe gruppiert. Von der Gemeinde aus ist sie über einen Wanderweg gut erreichbar, doch nur zu bestimmten Zeiten geöffnet. Schon im 17. Jahrhundert war die im 12. Jahrhundert erbaute Burg zur Ruine verfallen. Von der langgestreckten Anlage sind am höchsten Punkt der vierge-

Burgruine Leonstein

schossige Bergfried samt Zinnenmauern, im Osthof Reste der spätgotischen Verbauung des 14. und 15. Jahrhunderts und im Westhof Teile der gotischen Kapelle erhalten geblieben. Überreste eines spätromanischen Ministerialenturms sind teils in die Ringmauer eingebunden. Dank der rührigen Initiative von Idealisten, die auch von der Gemeinde Pörtschach, der Besitzerin der Burg, unterstützt werden, sind in den vergangenen Jahren Sicherungs- und Ausbaumaßnahmen durchgeführt worden, die langfristig auf eine stärkere Einbindung in das örtliche Kulturleben bzw. sogar auf eine Revitalisierung von Teilen der Burg hinzielen; die wichtigsten Funde sind in einer Schausammlung dokumentiert.

Burgruine Leonstein

Im Sommer hält der Burg- und Museumsverein Leonstein die Anlage unter dem Motto „Neues Leben in alten Mauern" jeden Samstag von 15 bis 19 Uhr geöffnet, Führungen beginnen um 16.30 Uhr. www.leonstein.poertschach.net

Hohe Gloriette

Diese auf einem isolierten Felskegel seeseitig vor der Burg stehende Aussichtswarte mit einem herrlichen Ausblick über den Wörthersee bis hin zu den Karawanken wurde in der Biedermeierzeit wahrscheinlich auf einem Vorwerk der Burg Leonstein (vielleicht an der Stelle der Seeburg) errichtet und ist mit ihrem markanten Holzdach bereits auf einem Bild von Markus Pernhart um 1850 deutlich zu erkennen.

Goritschach R4

Östlich an Pörtschach anschließend und um einen Hügel gruppiert liegt das kleine Haufendorf Goritschach. Auf der

Die Hohe Gloriette über Pörtschach im Winter

Kuppe in isolierter Lage erhebt sich die Filialkirche St. Oswald, ein kleiner gotischer Bau des frühen 15. Jahrhunderts, der in der Barockzeit verändert wurde. Der polygonale Chor ist breiter und höher als das Langhaus. In der offenen Vorhalle befinden sich eine gemauerte Kanzel mit ornamentierten Feldern und eine reliefierte Sakramentsnische aus dem Jahr 1542. Das Langhaus wurde im Barock kreuzgratgewölbt, auch die Fenster wurden zum Teil erweitert. Der Altar stammt aus der Zeit um 1720 und zeigt Figuren der Heiligen Oswald, Rochus und Veit, auf dem Leinwandbild sind ebenfalls die Heiligen Oswald und Rochus zu sehen.

Jet Set und Einschicht: Kontraste

Unter dem Gemeindegebiet von Techelsberg am Wörthersee, rund um die Orte Töschling, Sekull, Pavor und Tibitsch, befanden sich lange genutzte Lagerstätten von Marmor, der unter dem Sammelnamen „Pörtschacher Marmor" überall in der Region weite Verbreitung fand. Der friulanische Baumeister Domenico Venchiarutti verwendete ihn etwa beim Bau der Elisabethbrücke am Klagenfurter Lendhafen, Franz Baumgartner für Sockel, Fenster- und Türgewände am Spritzenhaus in Velden. Der Sammelname soll auf den aus eben diesem Material errichteten Pörtschacher Bahnhof zurückzuführen sein, wo die von Pferdefuhrwerken herangebrachten Lieferungen aus den verschiedenen Steinbrüchen der Umgebung verladen wurden. Mittlerweile sind die Vorkommen für den Natursteinabbau erschöpft, ins Auge sticht aber nach wie vor der Töschlinger Steinbruch an der Südautobahn.

St. Martin

Die nördlich von St. Martin am Techelsberg erhöht am Hang liegende romanische Chorturmkirche, für die bereits 1319 erstmals ein eigener Pfarrer genannt wird, reicht in ihrer architektonischen Gestalt zumindest ins 13. Jahrhundert zu-

rück. An den Turm schließt östlich ein gotischer Chor mit Strebepfeilern an, südlich ein Zubau mit einem Beinhaus im Untergeschoss. In der gemauerten Vorhalle mit Segmentbögen an drei Seiten ist noch der Opfertisch mit dem Verschlag für die Opfertiere erhalten.

Das Langhaus wurde in der Barockzeit mit einer Flachtonne versehen, aus den Kämpfern des romanischen Triumphbogens sind kugelige Köpfe und florale Ornamente herausgemeißelt. Neben den anmutigen Deckenfresken des Anton Zoller (1695-1768), die Himmelfahrt Jesu und Mariens darstellend, hat man auch mittelalterliche Wandmalereien am Triumphbogen und spätbarocke Seccoarbeiten mit der Barbaralegende freigelegt. Die Darstellung des Heiligen Wandels aus der zweiten Hälfte des 19. Jahrhunderts ist im Stil ähnlich den Malereien der Bildstöcke in Hadanig östlich der Kirche (s. a. S. 66). An der südlichen Außenwand findet sich ein Christophorusgemälde aus dem 19. Jahrhundert.

Der Hochaltar aus dem ersten Viertel des 18. Jahrhunderts zeigt als Schnitzgruppe die Mantelspende des heiligen Martin, im rechten Seitenaltar sind die spätgotischen Figuren der

Römischer Grabstein aus Pörtschacher Marmor an der Pfarrkirche St. Martin am Techelsberg

thronenden Madonna (Anfang des 15. Jahrhunderts) und des Evangelisten Johannes (Anfang des 16. Jahrhunderts) zu sehen. Die benachbarte Kaplanei wurde vor ca. 500 Jahren in Blockbauweise errichtet und steht unter Denkmalschutz.

In St. Martin amtierte von 1466 bis 1500 der Maria Saaler Kanoniker Jakob Unrest, der neben der Seelsorge als eifriger Chronist tätig war. Vor allem seine „Österreichische Chronik" ist von größter Bedeutung, da sie ohne humanistische Gelehrsamkeit aus dem Blickwinkel des miterlebenden Zeitgenossen die turbulenten Ereignisse der Regierungszeit Kaiser Friedrichs III. sehr drastisch und mit großer Wahrheitsliebe schildert.

Tschachonig-Kreuz

Für das Gebiet um den Techelsberg sind einige schöne Bildstöcke bezeichnend. Der bedeutendste unter ihnen ist das Tschachonig-Kreuz in Arndorf an der Straße nach St. Bartlmä. Der um 1500 errichtete Nischenbildstock gilt mit seinen acht Metern Höhe (wovon die Hälfte auf ein Kegeldach mit Schindeln entfällt) als größter Bildstock Kärntens. In den Nischen befinden sich spätgotische Malereireste der Kreuzigung Christi und des heiligen Martin, darüber in den Zwickeln die Verkündigung und weitere Heilige, dazu Christus, aus dessen Wunden eine Weinranke wächst.

St. Bartlmä

Östlich von Techelsberg am Fuße des waldreichen Gallin liegt eine kleine, dem heiligen Bartholomäus geweihte und von einer Friedhofsmauer umgebene gotische Kirche. Das

Das Tschachonig-Kreuz am Techelsberg

Langhaus ist flachgedeckt, der Chor mit einem dreiseitigen polygonalen Schluss kreuzrippengewölbt, während die Sakristei nur Kreuzgrate aufweist. An der Nordwand befinden sich Reste von Wandmalereien aus dem 14./15. Jahrhundert.

Der Hochaltar stammt aus der Mitte des 17. Jahrhunderts, die Figuren der Heiligen Jakobus dem Älteren und Alexius im Aufsatz und des Apostels Simon darüber sind spätgotisch. Die Marter des Bartholomäus stammt aus dem 19. Jahrhundert, die Maria Immaculata aus der Barockzeit. Der linke Seitenaltar ist aus dem 18. Jahrhundert, der rechte birgt Schnitzfiguren der Gottesmutter Maria sowie der Apostelfürsten Petrus und Paulus um 1500. Die Marienkrönung stammt ebenso aus dieser Zeit.

Hadanig

Westlich von St. Martin befindet sich neben dem Hof mit dem Vulgarnamen Schuschnigg eine ganz besondere „Garage", ein kleines, nie geweihtes Kirchlein, das um 1880 er-

Die Filialkirche St. Bartlmä am Techelsberg

richtet und mit anmutigen Deckenmalereien (dem Zug der Heiligen Drei Könige) versehen wurde. Auch die acht Bildstöcke in der Umgebung stammen aus der gleichen Zeit und sind durch gemalte figürliche Darstellungen und ausführliche Inschriften geschmückt.

Saag R4

Die Bleiweiß- und Miniumfabrik der Familie Rainer von 1850 bildete einen wichtigen Wirtschaftsfaktor für die Gemeinde und wurde später von der Bleiberger Bergwerksunion übernommen. In den 1990er-Jahren stillgelegt dient sie derzeit in den Sommermonaten als ungewöhnlicher Rahmen für Events wie die „Fête Blanche". Auf Anfrage steht „Die Fabrik" auch für private Veranstaltungen zur Verfügung.

Das Turbinenhaus des Kraftwerks Forstsee am Wörthersee

Kraftwerk Forstsee

R4

Das Turbinenhaus direkt am See wurde 1924 vom Architekten Franz Baumgartner entworfen und gleicht eher einer großen Villa. Mit dieser betont auf die landschaftliche Situation Rücksicht nehmenden Anlage schuf Baumgartner einen Prototyp für kleinere Kraftwerke, der in den zwanziger und dreißiger Jahren in Kärnten oft kopiert wurde. Hier erwies sich die Heimatschutzarchitektur als leicht anwendbares Rezept für alle Bedürfnisse.

Seit 1998 ist das Gebäude als Schaukraftwerk im Sommer öffentlich zugänglich und steht unter Denkmalschutz. An der Nordseite der Maschinenhalle befindet sich ein Emailbild von Giselbert Hoke. Im Krafthaus sowie im angrenzenden kleinen Park finden immer wieder Ausstellungen zeitgenössischer Kunst statt.

Schaukraftwerk Forstsee

Saag 15, 9220 Techelsberg am Wörthersee

Öffnungszeiten: April bis Oktober täglich von 10 bis 18 Uhr. Montag ist Ruhetag (außer im Juli und August). Führungen sind, bei zeitgerechter Anmeldung unter der Telefonnummer (+43)0463/525-1429, möglich für Besuchergruppen ab 15 Personen. Erfrischungen bietet das Café Ampere. www.kelag.at/schaukraftwerk/

Vom Lustschloss zum mondänen

Im Jahre 1545 erwarb Hans Khevenhüller die Herrschaften Sternberg und Hohenwart von den Habsburgern, damit gelangte auch das kleine Dorf Velden in seinen Besitz. Bartlmä Khevenhüller, Burgherr auf Landskron und Landeshauptmann von Kärnten, begann vor 1590 mit dem Bau eines damals noch direkt am See gelegenen **Schlosses** „zum gemütlichen Kurzweil im Alter". Dreieinhalbgeschossig mit vier polygonalen Ecktürmen und Drillingsfenstern über einem Rundbogenportal sowie mit einer ganzen Gruppe von Nebengebäuden beherrschte es die Veldener Bucht. Als der überzeugte Protestant Hans Khevenhüller im Zuge der Gegenreformation 1629 das Land verlassen musste, kamen seine Besitzungen an Siegmund Ludwig von Dietrichstein, in dessen Familie das Schloss bis 1861 blieb. Ein Brand hatte 1762 das Dach, die oberen Geschosse und einen Teil der Nebengebäude vernichtet. Im 19. Jahrhundert verfiel der Bau immer mehr, bis 1890 der Wiener Industrielle Ernst Wahliss, der zuvor schon auf der Pörtschacher Halbinsel das Parkhotel und mehrere Villen errichten hatte lassen, das Schloss kaufte und es vom Archi-

tekten Wilhelm Heß nach alten Ansichten im Stil der Neorenaissance als **Luxushotel** wiederherstellen ließ.

Der neuen Funktion entsprechend wurde der östlichen Seefassade eine dreigeschossige Holzbalkonkonstruktion, die beiden Ecktürme verbindet, vorgesetzt. Das Erdgeschoss dieses Vorbaues wurde in der Zwischenkriegszeit durch gemauerte Arkaden, die beiden Obergeschosse Mitte der fünfziger Jahre durch eine Stahlbetonkonstruktion ersetzt. Von der Erbin Ernst Wahliss' kaufte die Gemeinde 1909 die für den örtlichen Tourismus bedeutsame Realität, um sie 1926 an Private weiterzuveräußern. Nach der Schließung 1989 und einer langen Durststrecke, in der das Schloss nur mehr als Filmkulisse diente, ist es nach umfangreichen Adaptierungsarbeiten im Mai 2007 wieder als Luxushotel, um weitläufige Appartement-Trakte in einer Parklandschaft erweitert, eröffnet worden.

Schloss Velden am Wörthersee

Vom Renaissancebau der Khevenhüller stehen heute nur mehr Teile der Grundmauern sowie das 1603 datierte Gartenportal aus Chloritschiefer mit dem Wappen des Bauherrn und seiner Frauen.

Die Villenbauten in Velden R4

Es liegt in der Natur eines Kur- und Badeortes, dass sich die öffentlichen und privaten Erholungseinrichtungen am Strand entwickeln, während die Bebauung in die umliegende Landschaft ausgreift. Velden hat den Charakter einer Streusiedlung bewahrt: Ansätze zu einer baulichen Verdichtung zeigen sich hauptsächlich am Seecorso, einer wunderschön angelegten Esplanade im mediterranen Sinn vor dem Schloss. Architektonisch am interessantesten ist die Zeit zwischen 1890 und 1930. Vor allem der befruchtenden Zusammenarbeit zwischen dem Bauunternehmer Anton Bulfon und dem Architekten Franz Baumgartner ist es zu verdanken, dass Velden eine Vielzahl von hochwertigen Villen und Hotelbauten besitzt, für die der eigene Begriff der Wörtherseearchitektur geprägt wurde. Nicht nur einer der ersten, sondern auch einer der besten Bauten Baumgartners in Kärnten ist das **Hotel Kointsch**. Jugendstil und Regionalromantik, Barock und englischer Landhausstil vereinen sich hier zu einer unglaublich variablen Formensprache. Mit dem dabei geschaffenen Instrumentarium konnte Baumgartner allen Ansprüchen an eine gehobene Erholungsarchitektur gerecht werden. Er war fast unerschöpflich in der Erfindung einprägsamer Schauseiten und vermochte immer wieder bestimmte Bauelemente neu zu kombinieren. Beginnend am Karawankenplatz mit den **Hotels Kointsch** (Nr. 3–4, 1909) und **Carinthia** (Nr. 2, 1924) kann man durch die Rosentaler Straße mit den **Villen Klutzke**

Hotel Kointsch in Velden, Franz Baumgartner, 1909

(Nr. 10, 1930), **Gessenharter** (Nr. 12, 1930), **Stelzer** (Nr. 14, 1928) und **Gelbmann** (Nr. 16, 1926) ein fast ungestörtes Ensemble an qualitätsvollen Bauten Baumgartners genießen. Eine besonders gelungene Verbindung zwischen sezessionistischen Zitaten, Formen der Heimatschutzbewegung und sogar expressionistischen Elementen gelang Baumgartner mit dem **Spritzenhaus** (Feuerwache, Bäckerteichstraße 1) aus den Jahren 1925/26.

Das alte und das neue Casino

R4

Bereits ab 1922 ist im Ort ein Spielbankenbetrieb nachweisbar. 1950 wurde das alte Casino als fünftes seiner Art in Österreich eröffnet und erfreute sich steigender Beliebtheit. Da eine Erweiterung nicht möglich war, begann das Architektenbüro Prahensky aus Innsbruck mit der Neuplanung am Ufer der Veldener Bucht. 1989 konnte das neue Casino, Am Corso 17, als eines der modernsten Europas eröffnet werden. Der Kugelbrunnen vor dem Eingang stammt von Manfred Welte, die Glasfenster von Giselbert Hoke und das Zweiphasenhologramm von Günther Schneider-Siemssen.

Ensemble von Villen Franz Baumgartners in der Rosentaler Straße in Velden, 1928–30

Das alte Casino ist jetzt Teil der Villa Bulfon (Seepromenade 1) und dient unter anderem dem Seminarbetrieb.

Die alte Filial- und Dorfkirche St. Jakob d. Ä.

Die Filialkirche St. Jakob, die sich heute unscheinbar nahe dem Casino mitten im Ort erhebt, ist ein kleiner Bau des 17. Jahrhunderts mit einem eingezogenen, niedrigen Chor, einer südlichen Sakristei und einem westlichen Vorhallenturm. Das dreijochige Langhaus hat ein Stichkappentonnengewölbe, eine hölzerne Westempore und einen runden Triumphbogen, der Chor ist kreuzgewölbt. Die gesamte Inneneinrichtung wurde 1939 abtransportiert; zum Glück konnte einer der Altäre in Ebenfeld entdeckt und zurückgekauft werden. So ist der alte Kirchenpatron, der Pilgerapostel Jakob, flankiert von den Heiligen Nikolaus und Paulus und überhöht vom Erzmärtyrer Laurentius mit dem Rost, wieder in seine Kirche zurückgekehrt.

Die neue Pfarrkirche

Weiter westlich in der Kirchenstraße befindet sich nahe des Schubert-Parks in erhöhter Lage die Pfarrkirche Unsere Liebe Frau. Erbaut wurde sie 1937 von Franz Baumgartner, der ein geometrisch klares Konzept mit einer rechteckigen lichtdurchfluteten Halle, an die ein Turm und ein Seitenschiff mit einer Taufkapelle angebaut sind, verwirklichte. Viele Details lassen Baumgartners individuelle Formensprache erkennen. Die Vorhalle wurde erst im Jahr 1962 angebaut.

Längs- und Seitenschiff sind flach gedeckt, die Längs- und Querachse durch klare Symmetrien der Wände betont. Die Altäre mit Schnitzfiguren und Reliefs sind Werke von Andreas Crepaz und stammen aus der Bauzeit. Die Pietà an der Lang-

Detail der Feuerwache in Velden, Franz Baumgartner, 1926

hauswand entstand im dritten Viertel des 17. Jahrhunderts und wurde vom Hochaltar der alten Kirche übernommen.

St. Johann und Paul in Unterwinklern

Nordöstlich von Velden erhebt sich auf einem Hügel, der Reste von vermutlich spätmittelalterlichen Befestigungen, möglicherweise gegen die Türken, erkennen lässt, die im Kern romanische Filialkirche St. Johann und Paul. Typisch für Kärnten ist die flachgedeckte Vorlaube auf Pfeilern mit gemauerter Brüstung samt Altarwandtisch. Von besonderem Interesse ist hier das Wandgemälde aus dem Umfeld des Thomas von Villach um 1480, das die Heiligen Wolfgang, Michael und Leonhard zeigt. Das Innere birgt romanische und gotische Freskenreste sowie eine barocke Ausstattung. Zu Fuß lässt sich von hier ein etwa ein Kilometer langer Abstecher auf dem Wörthersee-Rundwanderweg in Richtung Norden zu einem Römerstein unternehmen.

Veldens Mutterpfarre Kranzelhofen

In weithin sichtbarer Lage liegt nordwestlich von Velden am Berghang der kleine Ort Kranzelhofen. Die vom Friedhof umgebene zweischiffige Kirche ist im Kern romanisch, der Chorturm wurde zwischen dem späten 12. und der Mitte des 13. Jahrhunderts errichtet. Das Chorhaupt ist seit der Hochgotik etwas verbreitert und verlängert, das nördliche Seitenschiff wurde wohl erst 1586 angebaut. Das Hauptschiff hat eine flache Holzdecke, die jetzt mit Mörtel verworfen ist, das

Die neue Pfarrkirche in Velden

Seitenschiff ist kreuzgratgewölbt mit spitzbogigen Scheidbögen. Am Rokoko-Hochaltar fallen die Opfergangsportale, die Vasen und Blütengehänge aus der Zeit um 1780 ins Auge, das Altarblatt zeigt die Taufe Christi. Die Säulen des rechten Seitenaltars sind mit Weinlaub geschmückt, die Mittelnische zeigt eine bemerkenswerte Thronende Muttergottes mit Kind vom Ende des 14. Jahrhunderts. Das klassizistische Gemälde der Steinigung des heiligen Stephanus und die Rokokokanzel stammen aus dem späten 18. Jahrhundert. Über der vergitterten gotischen Sakramentsnische im Turmquadrat hängt ein barockes Vortragekreuz.

St. Michael in Oberjeserz

Bereits im Hinterland des Sees steht im Dorf Oberjeserz östlich der Straße nach Köstenberg auf einem kleinen Felsen die kleine Filialkirche St. Michael. Auch sie besteht aus einer offenen Vorlaube mit spätgotischen Freskenresten, einem kleinen Schiff mit Flachdecke und einem dreiseitigen Chorraum. Außen schmückt ein monumentaler Christophorus aus der zweiten Hälfte des 15. Jahrhunderts die Südwand, das Innere wird durch barocke Altäre bestimmt.

Pfarrkirche St. Philipp und Jakob in Köstenberg

Als im ausgehenden Mittelalter die Türken mehrmals in Kärnten einbrachen, wurde die alte Taufkirche des Ortes am Rande einer Felsstufe inmitten des Haufendorfes zu einer starken Wehrkirche ausgebaut und mit einer fünf Meter hohen Mauer umgeben, in der noch drei Schießscharten zu

Porträtrelief vom Grabstein des Franz Baumgartner auf dem Veldener Friedhof

sehen sind. Auch der Chor mit den dreifach getreppten Strebepfeilern weist im Obergeschoss spitzbogige Schießscharten auf. Diese konnten sogar für kleine Geschütze verwendet werden. Ebenso wehrhaft ist der Turm bestückt.

Der barocke Hochaltar aus dem dritten Viertel des 17. Jahrhunderts nimmt die ganze Breite und Höhe des Chores ein und ist mit Säulen, Knorpel- und Rollwerk geschmückt. In der Mittelnische befinden sich Figuren der Kirchenpatrone der Heiligen Phillip und Jakob, seitlich die Apostelfürsten Peter und Paul, darüber die gekrönte Madonna, darüber Gottvater. Der nördliche Altar von 1696 zeigt im Mittelbild Maria mit dem Kind und Franz von Assisi sowie die Heiligen Katharina und Barbara. Die Michaelsstatue stammt aus dem 18. Jahrhundert, das Bild der Apostel Philipp und Jakob aus der zweiten Hälfte des 17. Jahrhunderts.

Die Burgruine Hohenwart

Die mächtige Burgruine Hohenwart, auch Hochwart oder „Schwarzes Schloss" genannt, liegt auf einer felsigen, zum Teil bewaldeten Kuppe mitten im Schmarotzwald etwa halbwegs zwischen Köstenberg und Damtschach. Sie ist ab 1144 gesichert und kam 1162 an den Gurker Bischof Roman I. 1355 wurden die Grafen von Ortenburg mit der Herrschaft Hohenwart belehnt, danach die Grafen von Cilli. Ob die Burg im

Burgruine Hohenwart, Zeichnung von Markus Pernhart, um 1850

15. oder 16. Jahrhundert zerstört wurde, ist unklar. Von der romanischen Burg ist nichts erhalten geblieben, die meisten noch erkennbaren Bauteile stammen aus einer frühgotischen Bauphase und teilweise aus der Renaissancezeit. Die Südostseite des quadratischen Bergfrieds bildet einen Teil der äußeren Burgmauer. Im ersten Turmobergeschoss ist ein spitzbogiges Eingangsportal, im vierten Geschoss ein Erkervorbau zu erkennen. Die Burgkapelle innerhalb des zweiten der drei Höfe war eine gotische Doppelkapelle aus dem 14. Jahrhundert. Die kleinen Schiffe hatten Flachdecken, die Chöre waren gewölbt.

Wer den Rückweg nicht über Köstenberg, Dröschitz und Kerschdorf antreten möchte, dem sei an dieser Stelle der Exkurs über Damtschach und Sternberg (S. 87) empfohlen.

St. Egid in Dröschitz

Der Weg von Köstenberg nach Velden führt nun über die L 47 zur alten Edlingersiedlung Dröschitz, wo auf einem einsamen Hügel die kleine romanische Filialkirche St. Egid steht. Ihr Baubefund reicht bis ins frühe 13., eventuell sogar ins 12. Jahrhundert, die Vorlaube entstand wesentlich später. Der Hochaltar ist eine Arbeit des Knorpelwerkstils (spätes 17. Jahrhundert) und zeigt Ägydius, flankiert von den Heiligen Bartholomäus und Martin, im Aufsatz Maria Magdalena, von bemerkenswerten spätgotischen Flachreliefs der Heiligen Ädydius und Martin (um 1500) begleitet.

Tonkrüge an der Westwand der Filialkirche in Kerschdorf

St. Ulrich (Maria Magdalena) in Kerschdorf
Nur ein kurzes Stück Weges weiter gegen Süden steht mitten in Kerschdorf diese Filialkirche, die das romanische Bauschema von Dröschitz derart wiederholt, dass man von Schwesterkirchen sprechen kann. Bemerkenswert sind aber sicher die mit der Öffnung nach außen eingemauerten zwölf Tonkrüge. Ihre Funktion ist nicht geklärt, vielleicht dienten sie einem Abwehrzauber.

Pfarrkirche Augsdorf R4a
Die Ansiedlung südlich des Wörthersees wird zwar erstmals 1256 erwähnt, doch ist eine frühere Besiedelung durch die Aufdeckung von altslawischen Reihengräbern erwiesen. Die Pfarrkirche Maria Rosenkranzkönigin ist eine typische Wehrkirche des späten 15. und 16. Jahrhunderts, auf einem Hochplateau gelegen und an drei Seiten von einem Graben umgeben. Stammt auch der Kern des Baues aus romanischer Zeit (die Altarweihe erfolgte durch Bischof Roman I. von Gurk 1162), so ist das äußere Erscheinungsbild doch gotisch. Im Inneren ist die Bauabfolge zu erkennen: Das dreijochige Mittelschiff ist tonnengewölbt und durch rundbogige, auf schweren Pfeilern ruhende Arkaden mit den gotischen kreuzgratgewölbten Seitenschiffen verbunden. Im eingezogenen Chor mit gotischer Sakramentsnische ruht das Netzrippengewölbe auf schlanken Runddiensten.

St. Andreas in Selpritsch

Der barocke Hochaltar ist reich mit Akanthus geschmückt und birgt in der Mittelnische eine Schutzmantelmadonna. Der linke Seitenaltar mit weinlaubgeschmückten Säulen, Knorpel- und Rollwerk zeigt den Erzengel Michael, flankiert von den Heiligen Katharina und Barbara, rechts sehen wir den heiligen König Oswald. Über dem Triumphbogen hängt ein spätgotisches Vortragekreuz. Zum Bild der Pfarrkirche von Augsdorf gehören auch der 1767 erbaute Pfarrhof mit seinem schönen spätbarocken Portal und der markante Bildstock westlich vor der Kirche, der seinerzeit Sammelplatz für die Wallfahrer war.

St. Andreas in Selpritsch

In Selpritsch finden sich an der kleinen, inmitten von Wiesen gelegenen Filialkirche zum heiligen Andreas, die sich architektonisch ganz in die Reihe der übrigen Landkirchen um Velden einreiht, drei ebensolche Tontöpfe wie in St. Ulrich in Kerschdorf. Bemerkenswert sind die frühbarocken Altäre mit reichem Beschlagwerk samt Vasen und Obelisken.

St. Stephan in Latschach

Dicht an der Straße von Velden nach St. Egyden liegt in der Streusiedlung Latschach in leichter Hanglage die kleine Filialkirche St. Stephan. Auch hier begegnet uns wieder ein monumentaler Christophorus wohl aus der Bauzeit um 1472. Das dreijochige Langhaus und der halbjochige Altarraum hinter dem spitzbogigen Triumphbogen besitzen ein Sternrippengewölbe mit noch originaler Farbgebung.

St. Egyden an der Drau

Auf einer Drauterrasse, mit einem herrlichen Blick ins Rosental, steht die ehemalige Pfarrkirche (heute Aufbahrungshalle) St. Ägidius. An der südlichen Außenwand des massig wirkenden gotischen Baues finden sich Fragmente von Wandmalereien, nördlich des Chores wurde eine barocke Kapelle mit einem darüberliegenden Oratorium angebaut. Im Langhaus und der Kapelle befinden sich nazarenerhafte Deckenmalereien aus dem 19. Jahrhundert, an den Chorwänden und dem Triumphbogen reiche Wandmalereien von der Mitte des 15. Jahrhunderts, unter anderem ein Jüngstes Gericht und Szenen aus der Passion Christi.

Der barocke Hochaltar mit Säulen und Opfergangsportalen ist chorfüllend und zeigt unter dem Baldachin den heiligen Ägidius, seitlich die Heiligen Florian, Simon, Mathias und Donatus, im Aufsatz eine Statue der Himmelskönigin in Originalfassung. Links seht ein einfacher barocker Altar, der dem heiligen Johann Nepomuk geweiht ist, begleitet von den Heiligen Blasius und Antonius Eremita. Das spätgotische Vesperbild im Aufsatz ist bemerkenswert und stammt aus dem zweiten Viertel des 16. Jahrhunderts. Der Rokoko-Säulenaltar in der Kapelle weist einen reichen figürlichen und ornamentalen Schmuck auf, ist aber durch Wurmfraß arg beschädigt.

Die neue Pfarrkirche liegt südlich der alten, wurde von Josef Tusch entworfen und 1973 geweiht. Der nüchterne, wenig einladende Außenbau verbirgt jedoch ein anheimelndes, durch Glasfenster von Anzolo Fuga aus Murano mystisch beleuchtetes Inneres.

Maria Humitz
Südlich von St. Egyden steht weithin sichtbar in isolierter Lage auf einer bewaldeten Kuppe die Bergkirche Maria am Humitz. Sie war vor 1660 den Aposteln Aquilejas, Hermagoras und Fortunat geweiht. An den gotischen Chor mit Strebepfeilern wurde später ein saalartiges Langhaus angefügt, der Turm besitzt einen offenen Aufgang.

Der spätbarocke Hochaltar mit Baldachin, Opfergangsportalen und reichem Figurenschmuck nimmt die ganze Breite des Chores ein. Die spätgotische Madonna wird flankiert von den Heiligen Laurentius, Johannes Evangelist, Hiob und Ulrich, neben dem Tabernakel stehen die Heiligen Dominik und Brigitta, im Aufsatz Gottvater. Die derben Seitenaltäre (links Anna, rechts Josef) stammen aus dem 17. Jahrhundert.

In der Osternacht ist die Kirche Maria am Humitz das Ziel des sogenannten Rosentaler Vierbergelaufes. Der fast schon vergessene Brauch wurde 1985 wieder aufgenommen.

Ein Exkurs: Rosegg und die

Zahlreiche Funde aus der Hallstattzeit berichten von einer frühen Nutzung der exponierten Lage des felsigen Hügels in der schützenden Drauschleife bei **Rosegg**. Die Vorgängerbauten der 1171 erstmals erwähnten Burg der mächtigen Herren von Ras, nach denen das Rosental seinen Namen führt, erhoben sich in der Umgebung von St. Jakob. Nach etlichen Besitzerwechseln seit dem 14. Jahrhundert kamen Burg und Herrschaft Rosegg 1686 an die Familie Orsini-Rosenberg. Mit dem Neubau des Schlosses im Talboden verlor die alte Burg ihre Bedeutung. Als 1813 die Franzosen aus dem Gebiet vertrieben wurden, kam es zur nahezu völligen Zerstörung des Pfarrdorfes St. Michael (heute Rosegg). Als die Dorfbewohner für den Wiederaufbau Baumaterial benötigten, gestattete Fürst Orsini-Rosenberg die Verwendung von Steinen aus der alten Burg unter der zeittypisch romantischen Bedingung, es solle ein Kunstsachverständiger beigezogen werden, "... damit die Ruinen der Gemäuer durch

Gegend um Wernberg

das Abbrechen selbst eine für das Auge angenehme Gestalt erhalten ...". Von der ausgedehnten Anlage sind noch Reste des hohen Bergfrieds aus dem 12. Jahrhundert und Umfassungsmauern mit halbkreisförmigen Ecktürmen erhalten, außerdem zwei spätgotische Bedienstetenhäuser am Berg. Mit der Errichtung des Tierparks begann die neuerliche Belebung des Burgberges.

Schloss Liechtenstein („Lukrezia") in Rosegg R1

Im September des Jahres 1772 begann Franz Xaver Wolf von Orsini-Rosenberg mit dem Bau eines neuen Schlosses im Talboden von Rosegg, das die Bequemlichkeiten einer Villa mit den praktischen Anforderungen eines Herrschaftssitzes verbinden sollte. Der zweigeschossige Bau mit seichten Mittel- und Eckrisaliten und dem ebenerdigen Verbindungstrakt zu den Seitenflügeln ist ein schönes Beispiel für den toska-

Die Gartenfassade von Schloss „Lukrezia" in Rosegg

nischen Baustil jener Zeit. Der Mittelteil mit seinem Ovalsaal war der gesellschaftlichen Repräsentation vorbehalten, während die beiden Seitenflügel zu Wohnzwecken und als Wirtschaftsräume dienten. Anders als sonst repräsentierte die Herrschaft hier im Erdgeschoss, während das Obergeschoss nur niedrige nebenrangige Räume besaß.

Nach dem rätselhaften Herrn von Bohr, der als Geldfälscher in die Geschichte einging, kaufte im Jahr 1831 die Familie Liechtenstein Schloss und Herrschaft Rosegg. Seit 1997 sind engagierte Bemühungen im Gange, Schloss „Lukrezia" mit Leben zu erfüllen: In den Repräsentationsräumen erinnern Wachsfiguren an Episoden aus der Geschichte von Rosegg, während im Obergeschoss Sonderausstellungen Platz finden. Ein Gartenlabyrinth in der Manier englischer Parks bildet neben dem bereits alteingesessenen Tierpark eine Attraktion.

Schloss, Labyrinth und Tierpark Rosegg

9232 Schloss Rosegg 1, Tel.: (+43)04274/52732, www.rosegg.at

Öffnungszeiten: Mai bis Oktober täglich von 10 bis 18 Uhr, Montag ist Ruhetag (außer im Juli und August). Der Tierpark ist zwischen April und Oktober täglich von 9 bis 18 Uhr geöffnet.

Die Pfarrkirche St. Michael in Rosegg R1

Der Ursprungsbau von St. Michael war eine romanische Chorturmkirche mit einem spätgotischen Chor. Erst nach der Zerstörung während der Franzosenkriege erhielt die Kirche 1819 ihre heutige Form. Die Westfassade im klassizistischen Stil zeigt eine Giebelbekrönung über seitlichen Pilastern, in

Herr von Bohr als Wachsfigur im Schloss Rosegg

die Fassade ist ein weiterer Giebel über Pilastern eingestellt. Die beiden Anbauten stammen aus dem Spätbarock, im mittleren der drei Spitzbogenfenster des Chorschlusses sind noch Reste des gotischen Maßwerkes erhalten. In die südliche Außenmauer sind zahlreiche Grabsteine eingelassen.

Der Hauptaltar stammt aus dem zweiten Drittel des 18. Jahrhunderts und zeigt den Erzengel und Pfarrpatron Michael, flankiert von den Erzmärtyrern Laurentius und Stephanus, über den Opfergangsportalen die Heiligen Leopold und Josef, im Aufsatzbild die Heiligste Dreifaltigkeit, links und rechts Figuren des heiligen Florian und eines Märtyrers. Die Seitenaltäre (bezeichnet 1843 bzw. 1846) sind barockisierend und der Himmelfahrt Mariens und dem Feuerpatron Florian geweiht. Interessant ist das Votivbild der Thronenden Madonna mit Kind, es zeigt Dorf, Burg und Schloss im Jahre 1801.

Ein wahres Kleinod aus der Zeit der Renaissance befindet sich im Presbyterium: eine geätzte Steinplatte mit Noten eines spätlateinischen Trinkliedes, einer Kreuzigungsdarstellung und verschiedenen Motiven aus der Tierwelt.

Land.art Rosegg R1

An der Draubrücke bei St. Lamprecht beginnt mit der Skulptur „Wegbereiter" von Wolfgang Rauter ein Erbauungsspaziergang der besonders reizvollen Art: Knapp zwanzig Objekte und Skulpturen (es kommen jedes Jahr neue dazu) begleiten den Weg über die Drau durch die Lindenallee des Schlosses entlang des Drauradweges bis Frög. Landart ist das Gestalten mit und in der Natur. Nur natürliche Materi-

Keltischer Grabhügel in Frög

alien werden verwendet, früher oder später wird das Kunstwerk also wieder Teil der Natur. Nähere Informationen sowie eine Karte, auf der alle Stationen verzeichnet sind, sind bei der „Keltenwelt" in Frög erhältlich.

„Keltenwelt" Frög

R1

Südlich von Rosegg erstreckt sich der Weiler Frög. Hier wurde ein umfangreiches Hügelgräberfeld der mittleren und späteren Hallstattzeit freigelegt. Vor rund 3.000 Jahren begruben die Kelten ihre Toten mit kostbaren Beigaben unter riesigen Grabhügeln. Einzigartig ist der Fund eines repräsentativen Totenwagens aus Blei. Ein Wegesystem führt durch die Anlage zu einem als Schaugrab ausgebauten Fürstengrab. Wechselnde Sonderausstellungen geben Einblick in die Lebensweise, das Weltbild und die Kultur der Kelten. Aktionstage und Keltentreffen machen hier Geschichte erlebbar.

Freilichtmuseum Keltenwelt

Bergweg 22, 9232 Frög bei Rosegg, Tel.: (+43)04274/52554

Öffnungszeiten: April/Mai: Di–Fr 11–17 Uhr, Sa–So & Feiertag 10–18 Uhr; Juni: Di–So 10–18 Uhr; Juli/August: täglich 10–18 Uhr; September/Oktober: Di–Fr 10–15 Uhr, Sa–So & Feiertag 10–18 Uhr.

Besichtigungen außerhalb der Öffnungszeiten sind für Gruppen nach telefonischer Absprache möglich. Aktuelle Termine für Führungen und Veranstaltungen sind am sinnvollsten zu erfragen oder dem Internet zu entnehmen unter www.keltenwelt.at.

Landart: „Schaumbaum" von Tanja Pajenschitz und Armin Steinkasserer am Bergweg in Frög

Damtschach

Das zwischen Velden und Villach in der Gemeinde Wernberg gelegene Schloss Damtschach wurde 1511 von Augustin Khevenhüller erbaut, danach aber vielfach verändert. Ursprünglich war es wohl der Meierhof der Burg Aichelberg, einem Stammbesitz der Khevenhüller, heute eine Ruine, die gerade freigelegt wird. Schloss Damtschach bildet gemeinsam mit dem ehemaligen Pflegerhaus, der Schlossmeierei mit Gesindehaus, dem Stadel, Pferde- und Schweinestall aus der Biedermeierzeit (erste Hälfte des 19. Jahrhunderts) und dem anschließenden Park ein stimmiges Ensemble. In seiner heutigen Gestalt stammt der zweigeschossige Bau, der mit drei Flügeln um einen rechteckigen Hof lagert und im Osten zum Garten hin geöffnet ist, aus dem letzten Drittel des 17. Jahrhunderts. Aus dieser Zeit stammen auch das Rustikaportal und die rechteckigen Fensterlaibungen. Eine Besonderheit ist die Schlosskapelle, die heute noch eine barocke

Das Gartenportal von Schloss Damtschach

Ausstattung besitzt und ab 1787 als Pfarrkirche diente. 2003 wurde nahe dem Schloss die schlicht-moderne neue Kirche nach Plänen von Gernot Kulterer eingeweiht.

Bemerkenswert ist der östlich und südlich anschließende Park, dessen ursprünglich barocker Charakter 1824 durch einen modellhaften Umbau in englischer Manier ein völlig neues Gesicht erhielt. Heute ist der Garten großteils rekonstruiert und wird für Theateraufführungen, Konzerte und Picknicks verwendet, im Schloss selbst finden Ausstellungen, Lesungen, Filmvorführungen und manchmal auch Opernvorstellungen statt.

Schloss Damtschach

Damtschacher Str. 18, 9241 Wernberg, Tel.: (+43)04252/2225

Öffnungszeiten der Galerie: Fr–So 14–19 Uhr sowie nach telefonischer Vereinbarung. Der Landschaftspark ist zwischen April und Oktober im Rahmen von Führungen nach telefonischer Vereinbarung zu besichtigen. Das aktuelle Programm ist abrufbar unter www.damtschach.at.
Ein Café im Hof des Schlosses ist von Mitte April bis Mitte Oktober Sa/So 14–19 Uhr geöffnet.

Sternberg
Die Festungsanlage von Sternberg verteilt sich auf einen Zwillingsfelsen. Während der westliche, nach allen Seiten steil abfallende Felsblock die wenigen ruinösen Reste der alten Burg trägt, steht auf dem östlichen eine weit ins Land sichtbare Kirche, die aus der ehemaligen Burgkapelle hervorging. Eine hohe Brücke verband den Burgberg mit dem Kirchberg. 1170 als Sitz der Grafen von Sternberg urkundlich erwähnt und 1329 an die Grafen von Ortenburg verkauft, erlitt Sternberg das gleiche Schicksal wie die mächtige Burg Hohenwart im Veldener Hinterland (das „schwarze Schloss") und wurde in den Erbkriegen vor 1460 zerstört. Von der Burg bestehen noch Mauerreste des viereckigen Bergfrieds, die jetzt als Untergeschoss eines Blockhauses dienen, und Teile des zugehörigen Wirtschaftsgebäudes am südlichen Abhang.

Die alte St.-Georgs-Kirche der Herren von Sternberg, die heute als Pfarrkirche dient, befindet sich auf einer keltisch-römischen Kultstätte. Zahlreiche behauene und beschriebene Steine aus der Provinz Noricum dienten als Baumaterial. An der Außenmauer des Chorschlusses ist ein Nischenporträtgrabstein aus der Mitte des 2. Jahrhunderts n. Chr. mit den Reliefbüsten einer Frau und zweier Männer zu sehen – die Frau in einheimischer Tracht mit interessantem Fibelschmuck, die Männer in römischer Kleidung. Am Stiegenaufgang zur Sakristei findet sich eine Bauinschrift für ein Heiligtum der Juno, welches auf dem Sternberg gestanden haben dürfte.

Die ehemals romanische Kirche erhielt im 14. Jahrhundert östlich des Turmes einen gotischen Chor mit dreifach getreppten Strebepfeilern und im 15. Jahrhundert das spätgotische Netzrippengewölbe im Langhaus sowie die teilweise doppelbahnigen Maßwerkfenster. 1586 wurde die westliche Vorhalle mit doppelt gekuppelten Renaissancefenstern errichtet, in der Barockzeit die Kapellenanbauten; 1820 musste der Turm erneuert werden.

Der Hochaltar mit vorspringenden Säulen, Pilastern und Opfergangsportalen nimmt den ganzen Chorraum ein und stammt aus dem letzten Viertel des 18. Jahrhunderts. Im Schrein befindet sich die Figur des Pfarrpatrons Georg zu Pferde, über den Portalen sind die Heiligen Sebastian und

Blick auf Sternberg

Florian zu sehen. Linker Hand steht ein Rokokoaltar mit Baldachin, über einer Schnitzgruppe der Unerlösten Seelen dominiert im Schrein die Kreuzigung (seitlich die Heiligen Lucia und Barbara), im Aufsatz Gottvater mit der Weltkugel. Der kleine Marienaltar rechts ist mit Akanthus geschmückt (um 1730). Der spätgotische achtseitige Taufstein in der Südkapelle trägt am pyramidenförmigen hölzernen Aufsatz bemerkenswerte Malereien aus dem letzten Viertel des 15. Jahrhunderts: die Taufe Christi, Maria mit dem Kind, eine dreifigurige Taufszene und den heiligen Georg.

Alljährlich zwischen Aschermittwoch und Karsamstag wird der Hochaltar mit einem Fastentuch verdeckt. Es stammt aus dem Jahr 1629 und stellt 24 biblische Szenen dar.

Von der antiken Fluchtburg zum

Zwischen dem Rosental und der Westbucht des Wörthersees ragt nördlich von St. Egyden an der Drau aus der ansonsten nur leicht hügeligen Landschaft ein isoliert stehender, steiler und felsiger Berg empor, der von Schiefling aus als regelmäßiger Kegel erscheint und zum Wahrzeichen für Ort und Gemeinde geworden ist. Auf diesem **Kathreinkogel** bezeugen Funde den Aufenthalt mesolithischer Jäger (7.–6. Jahrtausend v. Chr.) und spätneolithischer Bauern (3. Jahrtausend v. Chr.). In der späten Bronzezeit erfuhr der Berg seine stärkste Besiedlung. Die Hütten standen am Hochplateau, aber auch verstreut über die Süd- und Westterrasse des Kogels. Warum die Siedlung aufgegeben wurde, ist nicht bekannt. In spätantiker Zeit (2.–5. Jahrhundert n. Chr.) diente der Berg als Rückzugsort für die durch die Wirrnisse der Völ-

Wiener Sezessionismus: Schiefling

kerwanderung bedrohte Bevölkerung. Auf dem Gipfelplateau standen ein Kastell und eine frühchristliche Saalkirche. Das dazugehörige Gräberfeld umfasst 53 Grabstätten. Unter anderem wurde eine gut erhaltene Zisterne freigelegt, die heute als Schauraum eines kleinen Museums ausgebaut ist. Diese Siedlung wurde durch einen Brand zerstört und danach aufgegeben. Im Mittelalter befand sich am Kathreinkogel eine Burganlage, die heute verschollen ist.

Ein Wanderweg zum Gipfel mit den Ausgrabungen, der Bergkirche St. Katharina und einer wunderbaren Aussicht auf den Wörthersee bzw. ins Rosental beginnt am Fuß des Kogels zwischen Raunach und Farrendorf am Gasthaus „Kreuzwirt".

St. Katharina auf dem Kathreinkogel

Die Bergkirche zur heiligen Katharina

Die Katharinenkirche auf dem Kathreinkogel ist ein gutes Beispiel für die typische Überbauung heidnisch interpretierter frühgeschichtlicher oder antiker Kult- und Wohnbauten mit Kirchen oder Kapellen, um „böse" Mächte zu bannen. Der kleine romanische Bau erfuhr einige gotische Umbauten. Rechts vom Eingangsportal befindet sich eine bemerkenswerte Opfernische mit einem Kielbogenschluss und spätgotischen Flechtornamenten sowie einer ornamentalen Unterwölbung. Innen an der Langhausnordwand ist ein Fresko des Dreikönigszuges sowie der Anbetung aus der zweiten Hälfte des 14. Jahrhunderts zu sehen.

Haus der Archäologie auf dem Kathreinkogel

Öffnungszeiten: Mai bis Oktober täglich von 10 bis 16 Uhr, außer bei Regen. Nähere Informationen sind erhältlich bei der Marktgemeinde Schiefling am See, Tel. (+43)04274/2275-22.

St. Ulrich und Martin in Albersdorf R4a

An der Südlehne des Dorfes westlich von Schiefling gelegen ist die Kirche St. Ulrich und Martin wahrscheinlich eine Grün-

Fresko des Heiligen Michael an der Pfarrkirche von Schiefling

dung des Heiligen Albuin, Bischof von Brixen (gest. 1006). Der kleine romanische Bau mit einem niederen eingezogenen Chor hat am geraden Chorschluss als Besonderheit eine bis zum Fenster reichende apsisartige Nische. In der Südwand ist ein romanisches Hochfenster, in der offenen Vorhalle ein spitzbogiges, profiliertes gotisches Portal zu sehen. Links davon befindet sich in einem Holzschrein ein Kruzifix aus dem 17. Jahrhundert. Das Martinsfresko aus der gleichen Zeit überdeckt teilweise eine ältere, thematisch gleiche Darstel-

Büste des Komponisten Alban Berg, der ein Feriendomizil in Auen besaß, vor dem Gemeindeamt in Schiefling

lung aus dem 15. Jahrhundert. Daneben ist ein spätgotischer Christophorus zu sehen. Langhaus und Chor tragen gratige Kreuzgewölbe, die hölzerne Sängerempore stammt aus dem 17. Jahrhundert.

Die Figuren der Apostelfürsten Petrus und Paulus sowie des Titelheiligen Martin am barocken Hochaltar sind 1904 in Gröden entstanden. Bei Aufräumungsarbeiten 1905 fand man unter dem Dach ein Antiphonar und ein Missale aus dem 14. Jahrhundert.

Pfarrkirche Schiefling am See R4a

Die Pfarrkirche von Schiefling ist als Florianskirche nachweisbar, im 17. Jahrhundert scheint es aber zu einer Patroziniumserweiterung gekommen zu sein, möglicherweise durch den Anbau eines barocken, dem Erzengel Michael geweihten Schiffes an eine gotische Florianskapelle. Der Fassadenturm wurde erst 1900 errichtet.

Das Langhaus hat ein Tonnengewölbe mit Stichkappen, Chor und Florianikapelle sind gratig kreuzgewölbt. Die hölzerne, geschwungene Orgelempore steht auf zwei Säulen, an der Brüstung ist ein herzförmiges Bild der heiligen Helena mit Laubbanddekor von 1725 eingelassen.

Der Hochaltar von 1850 ist neobarock mit Figuren der Heiligen Michael, Josef und des Johannes Nepomuk. Der linke Seitenaltar von 1878 mit der Figur der Immaculata ist aus Kunststein. Am spätbarocken Florianaltar sind die Heiligen Apollonia, Barbara und Florian, ebenfalls Schnitzwerke aus Gröden, zu sehen.

Die Villa Ast oder „Heimdall" in Auen

Die Villa, die sich der Wiener Baurat Eduard Ast 1924 nahe des Strandbades Schiefling auf einem waldumrandeten Plateau über dem Wörthersee von Josef Hoffmann erbauen ließ, gehört zu den bedeutendsten Kärntner Privatbauten des 20. Jahrhunderts. Das kubische, fast schmucklose Haus in der Waldpromenade 35/36 wirkt durch die feine Putzarchitektur wie aus Schichten aufgebaut. Vor dem Portal steht eine offene Vorhalle mit einem Bacchantinnenfries von Anton Hanak. Im Zuge der Aufstockung von 1934 schuf Hoffmann einen weiteren Fries im obersten Geschoss durch umlaufende, fast quadratische Fenster. Auch die Außenanlagen der Villa „Heimdall" sind bemerkenswert, beginnend bei der unteren Umzäunung an der Straße, dem Portierhaus (alles aus Naturstein), dem Serpentinenaufgang, schließlich der in der Achse des Eingang liegenden geraden Stiege und der siebenbogigen Betonpergola. Von der Ausstattung und Einrichtung Hoffmanns sind noch große Teile vorhanden. Leider ist die Villa nicht zugänglich.

Pfahlbauten und ein Erzbischof:

Das Seental Keutschach zählt zu den ältesten Kulturlandschaften in den inneralpinen Becken Österreichs. Mit dem bislang einzigen Nachweis einer hallstattzeitlichen Pfahlbausiedlung in Kärnten im Keutschacher See ist für diesen Raum eine Siedlungskontinuität von der Jungsteinzeit bis in die Gegenwart gegeben. Nördlich des Sees hausten in zwei nebeneinander liegenden Burgen (die „obere" und „untere" Burg, von denen letztere noch in bescheidenen Resten erkennbar ist) die seit alters her ansässigen Herren von Keutschach. Nachdem ihr berühmtester Vertreter Leonhard Salzburger Erzbischof geworden war (1495–1519) und seine Angehörigen massiv finanziell unterstützte, errichteten sie nahe dem gleichnamigen Kirchdorf ein geräumiges mehrflügeliges, von

einem Graben umgebenes und turmbewehrtes **Schloss**, dessen eindrucksvolle Ansicht bei Johann Weichard von Valvasor, Topographia archiducatus Carinthiae, Nürnberg 1688, in einem Kupferstich überliefert ist.

Südöstlich von diesem „alten Schloss" ließ Georg Nikolaus Graf von Rosenberg, dessen im Zuge der Gegenreformation zu großem Einfluss aufgestiegene Familie 1659 die Herrschaft Keutschach erworben hatte, bald ein **neues Schloss** errichten. Dieser von Anfang an dreigeschossige frühbarocke Rechteckbau mit charakteristischem Walmdach (Stöckltyp) wurde vermutlich um oder nach 1700 aufgestockt und erhielt hierauf eine einfache, doch anmutige hochbarocke

Schloss Keutschach (heute Gemeindeamt)

Fassade mit Pilastergliederung und Fensterumrahmungen mit Segment- und Dreiecksgiebeln; die entstellenden Stützpfeiler an der Nordseite stammen aus dem 19. Jahrhundert. Das Schloss dient heute als Gemeindeamt und ist somit Verwaltungsmittelpunkt und kulturelle Schaltzentrale der Gemeinde geblieben.

Pfarrkirche Keutschach R4a

Das kirchliche Zentrum des Seengebietes ist die Pfarrkirche St. Georg und Bartholomäus oberhalb des Schlosses. Die im Kern romanische Pfeilerbasilika hat im ersten Viertel des 16. Jahrhunderts eine spätgotische Umgestaltung erfahren. Aus der ersten Bauzeit um 1200 erhalten geblieben sind der Ostturm mit seinen paarigen Kleeblattfenstern und ein Hochfenster an der Nordwand des Mittelschiffs. Der polygonale Chorschluss mit den gestuften Strebepfeilern sowie die Sakristei sind in der Spätgotik bis 1534 hinzugefügt worden, die kleinen Kapellenanbauten im Norden und Süden erst im Barock. In der offenen Vorhalle befinden sich ein gotisches Weihwasserbecken und ein profiliertes Portal mit stumpfem Spitzbogen.

Die dreischiffige Basilika mit erhöhtem Mittelschiff ist heute kreuzgratgewölbt und wird durch zwei massive rechteckige Pfeiler sowie ein neuzeitliches toskanisches Säulenpaar geteilt, die Wandgliederung erfolgt durch Pilaster zwischen den Arkadenbögen. Der spitzbogige frühgotische Triumphbogen ruht auf Säulenvorlagen mit Würfelkapitellen. Das erhöhte Chorquadrat ist kreuzgrat-, der wieder erhöhte Chor hingegen tonnengewölbt. Im Kreuzgewölbe des Chorschlusses sind vorzügliche Stukkaturen um 1731 zu sehen, ebenso in

Romanische Grabplatte und Ritzstein („Monster") ungeklärten Alters an der Pfarrkirche von Keutschach

den beiden Kapellen. Das gotische Wandbild dürfte wohl von einem italienischen Wanderkünstler stammen.

Der hochbarocke Hochaltar von 1730 zeigt Figuren des heiligen Georg zu Pferde, Johannes des Täufers sowie eines nicht eindeutig bestimmbaren Bischofs. Der linke frühbarocke Seitenaltar mit Maria und den Heiligen Anna und Elisabeth ist mit 1661 bezeichnet, der rechte mit dem Altarbild des Apostels Bartholomäus wurde 1693 von der Familie Rosenberg gestiftet. Der Altar in der linken Seitenkapelle zeigt einen Kruzifixus sowie Figuren der Heiligen Michael, Antonius, Leopold, Johannes Nepomuk, Florian sowie der Gottesmutter Maria und Engel; jener der rechten Kapelle eine Pietà sowie die Pestpatrone Sebastian und Rochus und den Jesuitenheiligen Franz Xaver. Alle Barockstatuen stammen aus der Werkstatt von Christoph Rudolf um 1730.

Südlich der Kirche erhebt sich mitten im Friedhof eine gotischen Lichtsäule aus dem Jahr 1512, die wie an vielen anderen Orten Kärntens auch an der Wende vom Mittelalter zur Neuzeit den Toten ein ewiges Licht zukommen lassen wollte.

An der südlichen Außenmauer der Kirche sind zwei bemerkenswerte Steine eingemauert, nämlich eine Grabplatte mit einer Kreuzdarstellung und Beschriftung in romanischen Majuskeln (12./13. Jahrhundert) und ein **Monster von Keutschach** genannter undatierter Reliefstein einer stark stilisierten menschlichen Gestalt in Ritzzeichnung, der wohl in drei verschiedenen Zeitabschnitten bis ins Spätmittelalter in die heutige Form gebracht wurde. Am ältesten scheint

Aussichtsturm der Burgruine Reifnitz

die Figur zu sein, später entstanden die „Schwimmflossen", zuletzt die fünf Weihekreuze, die auf eine Verwendung als Altartisch hindeuten. Die Datierungen dieser ungewöhnlichen Platte reichen von 2.500 v. Chr. bis ins 14. Jahrhundert n. Chr. (wofür am meisten spricht).

Burg Reifnitz

Die Burg Reifnitz, nordwestlich von Keutschach auf einem steil abfallenden Felsplateau bei St. Margarethen gelegen, zählte wohl zu den größten hochmittelalterlichen Wehranlagen in Kärnten. Sehr wahrscheinlich steht ihre Errichtung im Zusammenhang mit der Christianisierung der Alpenslawen und der Kolonialisierung durch bairisch-fränkische Siedler im 8./9. Jahrhundert. Sie ist als Drillingsburg angelegt, mit drei getrennten, in Dreieckform zueinander orientierten Befestigungsbauten: Die Hauptburg stand auf jenem Felsen, auf dem sich heute die spätgotische Kirche St. Margarethen als Nachfolgebau der ursprünglichen romanischen Burgkapelle befindet. Die noch sichtbaren Mauerreste lassen einen

St. Margarethen bei Reifnitz

quadratischen Grundriss erkennen, der mit zumindest zwei Türmen befestigt war. Einige hundert Meter entfernt gegen Westen lag die Vorburg mit einem sechseckigen Turm und Wirtschaftsgebäuden, den Norden sicherte schließlich eine dritte Turmanlage.

St. Margarethen

In unmittelbarer Nähe der Burg Reifnitz gelegen, wurde die kleine und hohe spätgotische Kirche mit dem hölzernen Dachreiter in seiner heutigen Form von den Herren von Keutschach erbaut und 1532 geweiht. Der Chor hat einen $^5/_8$-Schluss, das Maßwerk der drei gotischen Fenster ist vermutlich vermauert. In der barocken Vorhalle sind die verblichenen Reste der bemalten Holzdecke aus dem 17. Jahrhundert zu sehen. Schiff und Chor bilden ein einheitliches, dreijochiges Raumgefüge mit einem Rautensternrippengewölbe auf Runddiensten. Auf einem der Schlusssteine ist das Wappen der Keutschacher – die Runkelrübe – zu erkennen. Die hölzerne Sängerempore steht auf gekehlten Holzpfeilern.

Der bemerkenswerte frühbarocke Hochaltar (bezeichnet 1639) zeigt Figuren der heiligen Margarethe aus dem 18. sowie des Pestpatrons Sebastian und des Apostels Matthias

Der stilisierte Aussichtsturm auf dem Pyramidenkogel am Kreisverkehr in Plaschischen bei Keutschach

aus dem 17. Jahrhundert. An der Predella ist eine Verkündigung, am Antependium eine volkstümlich gemalte Darstellung der bäuerlichen Dienstbotenpatronin Notburga zu sehen. Der linke Seitenaltar aus dem Jahre 1676 birgt Statuen des heiligen Eremiten Antonius (Sautoni) sowie von Josef und Zacharias, darüber Gottvater und im Aufsatzbild den heiligen Antonius von Padua. Am rechten Seitenaltar aus dem Jahre 1661 finden sich die Taufe Christi und die Heiligen Isidor (der Bauernpatron) und Ulrich sowie Figuren des Apostels Philippus und auch Moses; auf der Altarmensa steht ein gerahmtes Relief der Madonna mit dem Kind vom Anfang des 17. Jahrhunderts. Im Chor sind noch eine spätgotische Schnitzfigur der Kirchenpatronin und ein manieristisches Vortragekreuz (17. Jahrhundert) zu sehen.

Blick vom Wörthersee auf St. Anna am Zackel

Aussichtsturm am Pyramidenkogel

Schon 1950 bestand auf dem 851 Meter hohen Pyramidenkogel über dem Südufer des Wörthersees eine 28 Meter hohe, hölzerne Aussichtswarte, die 1968 durch einen 54 Meter hohen Aussichtsturm aus Sichtbeton ersetzt wurde. Von seinen über einen Lift bequem erreichbaren Plattformen hat man einen grandiosen Rundblick nicht nur über den Wörthersee und das Klagenfurter Becken, sondern über weite Teile Ober- und Mittelkärntens.

Dieser mittlerweile in die Jahre gekommene Turm soll von einer hundert Meter hohen Spirale aus Holz und Stahl mit sechs Aussichtsplattformen abgelöst werden. Ein Turmcafé und die höchste Rutsche Europas sollen zusätzliche Attraktionen bieten. Der Entwurf stammt von den Architekten Klaura und Kaden und soll im Herbst 2010 verwirklicht werden, für den Sommer dieses Jahres ist eine spektakuläre Sprengung des alten Turmes angekündigt. Ob dieses Bauvorhaben sowie die Zeitpläne allerdings halten werden, war bei Redaktionsschluss (Ende Juni 2010) fraglich.

St. Anna am Zackel

Näher zum Wörthersee hin erhebt sich auf einer Anhöhe im Westen der Reifnitzer Bucht die kleine Filialkirche St. Anna. Die spätgotische Wallfahrtskirche ist einschiffig, besitzt ein hohes Satteldach und einen Sakristeiturm mit Spitzhelm. An der nördlichen Außenmauer wurde ein frühbarocker Christophorus mit reizvollen Details, darunter Seejungfrauen, freigelegt.

Hochaltar in St. Anna am Zackel

Das dreijochige Langhaus und der zweijochige Chor haben Sternrippengewölbe auf Runddiensten und Wappenkonsolen, die geschwungene gemauerte Sängerempore wird von zwei toskanischen Säulen und einem Platzlgewölbe getragen.

Ein hervorragender spätbarocker Hochaltar zeigt im Mittelpunkt Maria und ihre Mutter Anna, seitlich die Heiligen Jakobus und Markus, darüber Gottvater. An der Triumphbogenwand stehen auf Konsolen die barocken Statuen der Heiligen Johannes der Täufer und Sebastian. Der Volksaltar wurde aus Elementen der ehemaligen Orgel zusammengestellt.

Gasthof zu den Linden

St.-Anna-Str. 30, 9081 Reifnitz, Tel.: (+43)04273/2039

Genießen Sie die Aussicht vom Annaberg auf den See sowie die regionale Küche, typisch österreichische Spezialitäten oder fangfrischen Fisch. Veredelt werden die Gerichte mit Kräutern aus dem eigenen Kräutergarten. Von Mai bis September ist die Küche täglich (außer Montag), von Oktober bis April nur an Wochenenden von 11–14 Uhr und 17–21 Uhr geöffnet.

Viel Vergnügen!
Wörthersee
4-Seental
Keutschach
Keutschach
www.keutschach.at
4-Seental Keutschach Information
Keutschach 1, 9074 Keutschach am See
Tel. 04273 / 24 500, E-mail: info@keutschach.at

Von der kirchlichen Keimzelle zum

Das berühmte, immer wieder abgebildete Ensemble der Halbinsel in der Mitte des Wörthersee-Südufers mit den beiden Kirchen und dem Karner gilt schlechthin als Symbol des Wörthersees. Über Jahrhunderte hinweg war die Inselkirche aber auch zentraler Missionsort und Kulturzentrum; eine erste Kirche wurde im Zuge der Slawenmission des Klosters Innichen als Vorposten nach 822 gegründet und war im Besitz des Bistums Freising. Der Name „wert" bedeutet im Alt- und Mittelhochdeutschen Insel. Tatsächlich war Maria Wörth schon 1605 nachweislich, vermutlich sowohl durch

Sommerwallfahrtsort: Maria Wörth

ein Absinken des Wasserspiegels als auch durch begleitende Aufschüttungen, zur Halbinsel geworden.

Als Arnulf, unehelicher Sohn des Karolingerkönigs Karlmann, nach elf Jahren Verwaltung Karantaniens (daher sein Beiname „von Kärnten") 887 zum König und 896 zum römischen Kaiser gekrönt wurde, gewann der Südosten des Reiches kurzzeitig an Bedeutung. Unter Bischof Waldo von Freising (884–906) erfolgte eine Aufwertung der bis dahin der Gottesmutter geweihten Kirche durch die Übertragung

Maria Wörth, Aquarell von Werner Loisel, 1978

von Reliquien der römischen Märtyrer Primus und Felician, die damit zu Hauptpatronen der Kirche wurden. Bis ins 11. Jahrhundert hieß der See „lacus Primi et Feliciani", danach bis ins vorige Jahrhundert „Wert(h)see". Die Kircheninsel hat also bis zum heutigen Tag dem Wörthersee („Inselsee") den Namen gegeben.

Bischof Otto I. von Freising aus dem Geschlecht der Babenberger, selbst ein bedeutender Historiker, gründete um 1146 bei der Wörther Missionskirche ein Kollegiatstift. Die fünf bis sechs Kanoniker ließen unverzüglich eine wesentlich größere Pfarrkirche erbauen, die schon 1155 von Bischof Roman von Gurk eingeweiht wurde. Die alte Kirche diente künftig unter anderem noch für die winterlichen Chorgebete. Allmählich wanderten die Märtyrerpatrozinien in die neue Hauptkirche, das Marienpatrozinium wurde erneuert.

Ein Brand zerstörte 1399 Kirchen und Stiftsgebäude, 1478 kam es zu verheerenden Türkeneinfällen. 1528 übertrug Erzherzog Ferdinand die Propstei dem St.-Georgs-Ritterorden, der in Millstatt seinen Sitz hatte. Damit verlor zwar Freising die Hoheit über das Kapitel, doch änderte sich zunächst am Bestand nichts. Erst die Übergabe der Ordensgüter an die Jesuiten 1598 führte zur Auflösung des über 450-jährigen Kapitels. Mit der Aufhebung des Jesuitenordens 1773 wurden die Güter zur Staatsherrschaft, der Propsthof, die einfachen Kanonikerhäuser und die Wirtschaftsgebäude mussten im 19. Jahrhundert dem aufkommenden Tourismus weichen. Die „Kirchenfamilie" hingegen hat wohlerhalten die Halbinsel behaupten können.

Maria Wörth, Blick vom Kirchhof der Winterkirche auf die Pfarrkirche

Pfarr- und ehemalige Kollegiatstiftskirche Maria Wörth

Am höchsten Punkt der Halbinsel gelegen und über eine steile, überdachte Holztreppe erreichbar, kommt man an der Kirchensüdseite zu einem erhöhten, dreifach getreppten Stufenportal der Hochromanik. Eine 1540 datierte Opfernische rechts davon mit einer Relieffigur sowie einem Steinmetzzeichen erinnert an den vermutlichen Abschluss der langwierigen Bauarbeiten an Langhaus und Vorbau. An der Westwand ist weithin ein frühbarockes Christophorusfresko von 1568 zu sehen; an der Südwand blieb ein Ölbergfresko von 1521, restauriert 1930, erhalten. Das Innere der relativ kurzen zweischiffigen und zweijochigen Halle wird durch starke Rundpfeiler unterteilt, auf denen im 17. Jahrhundert stark veränderte Gewölbe aufsitzen. In den Chören und der Turmkapelle bilden verschiedene gotische Gewölbekonfigurationen reizvolle Blickwinkel; die wuchtige, von zwei gedrückten Korbbögen getragene Westempore besitzt eine Steinbrüstung in Form verschlungener Kreise. Unter dem hochgelegenen Altarraum liegt eine Krypta, ein dreischiffiger und vierjochiger gotischer Hallenraum mit Gratgewölben, die von sechs schlanken Pfeilern mit weit ausladenden und getreppten Kämpfern und Basen getragen werden. Im 15. Jahrhundert erfolgte der Anbau des polygonalen Chorschlusses in Anpassung an den Hauptchor.

Der bemerkenswerte frühbarocke Hochaltar mit Statuen der Kirchenpatrone Primus und Felician, den „heiligen Madln" Katharina und Barbara sowie der Jesuitenheiligen Ignatius von Loyola und Franz Xaver ist mit 1658 bezeichnet; die spätgotische Thronende Muttergottes freilich stammt aus der Zeit um 1460. Der Herz-Jesu-Altar im nördlichen Turmuntergeschoss ist eine bemerkenswert schlanke Raumschöpfung um 1750, der Kreuzaltar an der Nordwand birgt eine eindrucksvoll naturalistische Holzfigur um 1510, während der weiß-goldene Andreasaltar nur noch als Fragment erhalten ist. An der reich gestalteten spätbarocken Kanzel von 1761 sind am Korb Statuen der vier Evangelisten zwischen Reliefs aus dem Leben Christi und am Schalldeckel Papst Paul III. zwischen den Heiligen Ignatius und Franz Xaver zu sehen, am Holzaufsatz des achtseitigen Marmortaufbeckens im Südchor gemalte Vergänglichkeitssymbole, wie ein Putto mit Seifenblasen (1682). Auch die übrige Ausstattung lässt allenthalben die Bedeutung der ehemaligen Stiftskirche erkennen, sei es am Totenschild des Ulrich Peuscher von Leonstein (gest. 1530) oder an den barocken Votivbildern.
Nördlich vor der Pfarrkirche steht die 1959 gegossene Friedensglocke, die 1989 einen Sprung erlitt und durch einen Neuguss ersetzt werden musste. Auf ihr steht in 45 Sprachen das Wort „Friede".

Karner R4

Südöstlich der Pfarrkirche erhebt sich der für die romanische Kunstlandschaft Kärntens typische zweigeschossige Rundkarner. Er wurde 1279 vom Propst Heinrich von Lack, dem Vorsteher der Kanonikergemeinschaft, den Heiligen Katharina, Barbara, Magdalena und Elisabeth geweiht und besitzt ein schönes schmiedeeisernes Gitter von 1742.

Der umgebende Friedhof mit vielen Schmiedeeisenkreuzen gilt als einer der stimmungsvollsten des Landes, zu beachten ist die Grabstelle der Grafen von Herbert an der Südseite des

Kirchenchores mit dem Grab der Ottilie von Herbert, einer romantisch veranlagten Frau, die mit nur 22 Jahren einen geheimnisvollen Tod im See und 2005 Eingang in eine Erzählung des Kärntner Schriftstellers Egyd Gstättner (Das Mädchen im See) fand.

Winter- oder Rosenkranzkirche Maria Wörth R4

Im Gegensatz zur Pfarrkirche hat die Winter- oder Rosenkranzkirche ihr äußeres Aussehen seit zumindest 900 Jahren kaum verändert. Sie entspricht ganz dem Typus der früh- und hochmittelalterlichen Chorquadratkirche mit östlichem Dachreiter, an die südlich in der Spätgotik eine Seitenkapelle und Sakristei angebaut wurde. Die westliche offene Vorhalle ist ein in Kärnten überaus häufiges Motiv. Neben dem spätgotischen Westportal findet sich eine Opfernische mit der Jahreszahl 1524. Zu diesem Zeitpunkt dürfte das bis dahin flach gedeckte Kircheninnere entscheidend verändert worden sein: Seitdem tragen wuchtige eingezogene Wandpfeiler ein dreijochiges Kreuzgratgewölbe, auch das Chorquadrat wurde gewölbt und die Fenster spitzbogig erweitert.

Der Eingriff in den alten Baukörper zerstörte beträchtlich die bemerkenswerten romanischen Wandmalereien im Chorquadrat. Nach ihrer Entdeckung zunächst ins späte 11. Jahrhundert datiert und mit Freising in Zusammenhang gebracht, sind sie in den letzten Jahren doch als provinzielle Arbeit der Hochromanik neu bewertet worden. Sie zeigten in klassischer romanischer Darstellungsart im Chorscheitel die Majestas Domini, umgeben von den Evangelistensymbolen und flankiert von den zwölf Aposteln in Arkadenumrahmungen auf einem Palmettenornamentband und Vorhangsockel, von dem nur Teile erhalten sind. Die Heiligenfresken an der nordöstlichen Langhauswand, u. a. Laurentius, Cäsarius, Margarethe, Barbara und Magdalena in frühgotischen Arkadenbaldachinen, sowie ein expressives Astkreuz in der Fensterlaibung entstammen dem zweiten Viertel des 14. Jahrhunderts.

Die Glasscheibe mit der auf der Mondsichel stehenden Schönen Madonna im Strahlenkranz von 1420 zählt zu den Hauptwerken der österreichischen Glasmalerei der Spätgotik.

Maria Wörth, Winterkirche, gotisches Glasfenster im Chorscheitel

Beidseitig des Triumphbogens stehen auf Konsolen spätgotische Plastiken: links eine graziöse Muttergottes, rechts eine derb-volkstümliche Beweinungsgruppe. Der bemerkenswerte frühgotische Paramentenschrank aus Holz trägt noch die Originalbeschläge.

Das „Schloss" Reifnitz R4

Das Schloss Reifnitz, auch „Klein Miramar" genannt, eigentlich eine romantisch intendierte Villa, wurde 1898 auf einer Landzunge am Nordrand der Reifnitzer Bucht errichtet (Schlossweg 2). Heinrich Bercht, der spätere Bürgermeister von Klagenfurt, hatte bei einem Besuch in Hamburg eine Villa an der Alster entdeckt, nach deren Stilelementen er sich vom dortigen Architekten Zenkonski an diesem markanten Geländepunkt über dem Wörthersee die Villa bauen ließ. Sie präsentiert sich als burgartige Anlage auf einer befestigten Terrasse mit romantischen Versatzstücken, darunter ein zinnenbekrönter Rundturm, ein Treppengiebel über der Stiegenhausachse und ein Erker. 1986 kaufte die Gemeinde Maria Wörth das Anwesen, um vor allem den Seegrund seinen Bürgern zugänglich zu machen. Nicht unumstritten war die Entscheidung zum Wiederverkauf an die Firma Magna, die weitgehende Um- und Zubauten für eine geplante Managerakademie durchführen, dabei aber störende jüngere Zubauten des 20. Jahrhunderts entfernen ließ.

Sekirn R4

In dieser vom steilen Seeufer beengten Streusiedlung entstand um 1900 die Villa Windischgrätz, ob ihrer romantischen Lage und Form auch **„Schloss Sekirn"** genannt, die inzwischen im Privatbesitz von Heidi Horten und durch Umbauten weitgehend entstellt ist.
1976 errichtete Fritz C. Wintzer über der Gruft des deutschen „Kaufhauskönigs" Helmut Horten (1909–87) einen zeltartigen **Kirchenbau**, der dem Patron der Jäger, Hubertus, geweiht wurde. An der Stirnseite sieht man eine Sgrafittodarstellung des Kirchenpatrons mit seinem bekanntesten Attribut, dem Hirsch, von Thaddäus und Cornelius Kolig. Der einschiffige Innenraum öffnet sich bis zum Dachfirst, die Kontur wird im geraden Chorschluss durch ein Fensterband wiederholt. Das große Hängekreuz mit Achatsteinen schuf der Klagenfurter Künstler Werner Lössl.

Maiernigg R4

Am steilen Seeufer im Schatten des Schrottkogels in der Süduferstraße 23 steht die von Friedrich Theuer 1900 geplante **Villa Siegel**, erbaut als Sommerresidenz für den Hofoperndirektor und Komponisten Gustav Mahler. Außen besticht die seeseitige Loggia und das steile Krüppelwalmdach, innen ist die fast vollständige Ausstattung aus der Erbauungszeit erhalten.

Vom gleichen Architekten stammt auch die **Villa Schwarzenfels** in unmittelbarer Nähe (Süduferstraße 18) in dominanter

Villa Siegel in Maiernigg, 1900

Lage über einer basteiartigen Terrasse. 1894 erbaut, ist sie ein schönes Beispiel des Späthistorismus altdeutscher Spielart.

Einen besonders sehnsuchtsvollen Anblick bietet die **Seevilla Samek**, 1902 von Stadtbaumeister J. Koschat direkt in den See gebaut und auch nur von diesem bzw. von Maria Loretto (s. S. 128) aus zu sehen. Die Waldvilla Samek bleibt hinter den Bäumen verborgen.

Vom Parkplatz des Strandbades Maiernigg führt ein ausgewiesener Wanderweg zum oberhalb der Süduferstraße mitten im Wald gelegenen **Komponierhäuschen Gustav Mahlers**. Ebenso wie die Villa Siegel ist es mit den Sommeraufenthalten des Komponisten in den Jahren 1900 bis 1907 verbunden. Hier entstanden mehrere Symphonien und neben vielem anderen auch die Kindertotenlieder. Mahlers Ausspruch „Man komponiert nicht, man wird komponiert" zollt der Schönheit und Größe der ihn umgebenden Natur Tribut. Das Komponierhäuschen beherbergt eine kleine Ausstellung und bietet die Möglichkeit, sämtliche Werke des Komponisten zu hören und in einer umfangreichen Mahler-Bibliothek zu blättern.

Gustav Mahler Komponierhäuschen

Öffnungszeiten: Mai bis Oktober täglich von 10–16 Uhr (außer während des GTI Treffens in Reifnitz und des Kärnten Ironman Triathlons). Nähere Informationen sind erhältlich bei Kulturabteilung der Stadt Klagenfurt, Tel. (+43)0463/537-5632, und unter www.gustav-mahler.at

Seevilla Samek in Maiernigg von Maria Loretto aus gesehen, 1902

Viktring

Nur drei Kilometer südöstlich von Maiernigg liegt an der Mündung des Keutschacher Seentales in das weite Klagenfurter Becken Viktring, beherrscht von der ausgedehnten Anlage eines ehemaligen **Zisterzienserstiftes**. 1142 von Bernhard von Spanheim und seiner Gattin Kunigunde gegründet, wurde das Stift als eines der reichsten Klöster des Landes ein bedeutender Kulturträger im Mittelalter und in der Barockzeit. Abt Johann II. (1312–45) war ein bedeutender Historiograph und verfasste eine Chronik von Kärnten und Österreich über den Zeitraum von 1217 bis 1342. Brände und Türkeneinfälle im 15. Jahrhundert führten zum Bau eines Wassergrabens und der Wehrtürme. Im Jahre 1786 hob Kaiser Josef II. im Zuge seiner Reformen das florierende Kloster auf. Die Stiftskirche wurde nunmehr zur Pfarrkirche, die Klostergebäude teilweise an die Gebrüder Christoph und Johann Moro in Klagenfurt verkauft, die hier eine Tuchfabrik einrichteten. Heute beherbergt der Bau ein Musikgymnasium.

Lohnend ist schon ein Spaziergang durch die sanierte Anlage. Durch die spätgotische, im späten 19. Jahrhundert mit einer neuen Fassade ausgestatteten Prälatur erreicht man vom Westen den Marienhof mit einem originellen barocken Brunnen. Der ehemalige Kreuzgang, ein barocker Arkadenhof, dient heute dem Schulbetrieb, einige Räume des Spätbarock mit Stukkaturen und Fresken sind erhalten geblieben. Die Stiftskirche ist eine dreischiffige, spitztonnengewölbte romanische Pfeilerbasilika mit einem vorspringenden nördlichen Querhaus, das einzig erhalten gebliebene Beispiel burgundischer Zisterzienserbauart im deutschen Sprachraum. Der gotische Chor mit seinem $^5/_8$-Schluss, den dreistufigen Strebepfeilern und den Maßwerkfenstern stammt aus der

Büste des Komponisten Gustav Mahler in seinem Komponierhäuschen in Maiernigg

Die Südfassade vom Stift Viktring

ersten Hälfte des 14. Jahrhunderts. Die Kirche besaß ursprünglich nach der Tradition der Zisterzienser keinen Turm. Erst in der Gotik wurde der massige Turm mit Spitzhelm errichtet. 1843 ließ man den Bau um zweieinhalb Joche verkürzen, da sich die Sanierungsarbeiten aus damaliger Sicht nicht mehr lohnten. Seither hat die Kirche ihre wuchtige und unpassende klassizistische Fassade.

Das Innere der Viktringer Stiftskirche ist dermaßen reichhaltig und bedeutend, dass sich die Lektüre des vor Ort aufliegenden Kirchenführers sicher lohnt. Besonderes Augenmerk ist dabei auf die über fünfzig Glasgemälde der Chorschlussfenster, einer künstlerischen Höchstleistung des späten 14. Jahrhunderts, auf den frühbarocken Hochaltar von 1622, auf die im späten 20. Jahrhundert aufgedeckten gotischen Fresken der nördlich anschließenden Bernhardskapelle und auf die romanischen Grabsteine an den Kirchenwänden zu richten.

Hotel Palais Porcia

KLAGENFURT

Wir haben unser Hotelangebot um ein Haus erweitert. Das Stadthotel Palais Porcia – mitten im Zentrum von Klagenfurt – ist die erste Adresse für Geschäftsreisende und Urlaubsgäste. Dabei beginnt die Reise in dieses verschwenderische Paradies relativ profan mit einer Liftfahrt in den dritten Stock eines von außer eher sachlich anmutenden Gebäudes, hinter dessen „Geheimnis“ jedoch schon Politiker, Top-Manager, Filmstars und Jet-Setter aus aller Welt gekommen sind. Das Frühstück nimmt man im wunderschönen Spiegelsaal des Palais ein, der an Versailles erinnert und in dem man – ganz comme il fault – das hier schon fast obligatorische Sektfrühstück einnimmt

www.palais-porcia.at, Tel. +43-463-511590

Hotel Schloss St. Georgen

Das Hotel Schloss St. Georgen liegt mitten in einem grünen Paradies, jedoch auch nur 7 Autominuten vom Stadtzentrum entfernt. Dieses familiär geführte Haus steht Ihnen schwerpunktmäßig für Veranstaltungen und Hochzeiten zur Verfügung.

www.schloss-st-georgen.at, Tel. +43-463/46849

VOM SUMPF- ZUM NAHERHOLUNGSGEBI

Klagenfurt, die Gartenstadt am Wörthersee, mit ihrer historischen Bausubstanz, ihren Museen und Galerien, ihren bedeutenden Sakralbauten, dem neu gestalteten Botanischen Garten und ihren hervorragenden Beispielen moderner Architektur umfassend vorzustellen, hieße den Rahmen dieses Kulturführers zu sprengen. So bietet sich die Beschränkung auf die Klagenfurter Bucht als sinnvoll an. Für den interessierten Gast sei immerhin ein kurzer Spaziergang durch die Landeshauptstadt vorgestellt.

Die Klagenfurter Bucht

Vom See kommend erreicht man direkt im Zentrum zwischen Wiesbadener Straße, Ursulinen- und Kiki-Kogelnik-Gasse das **Landhaus**, den Sitz des Kärntner Landtages, des Landesparlaments. An der Stelle der alten Burg als Zeughaus begonnen, konnte 1581 die erste Sitzung abgehalten werden. Das äußere Erscheinungsbild geht im Wesentlichen auf den Baumeister Johann Anton Verda aus der Gegend von Lugano zurück und zeigt im stadtseitig offenen Innenhof noch die beeindruckende Renaissancefassade. Die Außenfassade wurde

Heinrich Ebner, Titelblatt einer Klagenfurter Werbebroschüre der 1950er-Jahre

1739 mit Kolossalpilastern und Stukkatur barockisiert. Das Innere birgt als einzigartige Kunstobjekte die beiden **Wappensäle** mit Fresken des Barockmalers Josef Ferdinand Fromiller mit insgesamt 963 Wappen der Landstände Kärntens und ihrer Funktionäre.

Im Park an der Südseite des Gebäudes steht seit 1997 ein **Brunnen im Gedenken an die international bekannte Künstlerin Kiki Kogelnik**. Von da aus ist der Blick bereits frei auf das Wahrzeichen Klagenfurts, den aus Chloritschiefer des nahen Kreuzbergls gehauenen **Lindwurmbrunnen** auf dem Neuen Platz. Der Sage nach verdankt ja die Stadt ihre Entstehung dem Sieg über dieses Fabeltier. Dem Bildhauer Ulrich Vogelsang diente wohl der Schädel eines im 14. Jahrhundert am Zollfeld gefundenen Wollnashorns aus der vorletzten Eiszeit als Vorbild für das groteske Tier. 1593 wurde die gewaltige Skulptur – ein beachtliches Werk des Manierismus

Der Große Wappensaal im Klagenfurter Landhaus

Landhaus (Wappensäle) und Kärntner Landesmuseum (Rudolfinum)

Rudolfinum: Museumgasse 2, 9020 Klagenfurt am Wörthersee,
Tel.: (+43)0463/53630552
Öffnungszeiten: Di–So 10–18 Uhr, Do 10–20 Uhr, Sa, So & Feiertag 10–17 Uhr.

Der Wappensaal im Landhaus wird vom Kärntner Landesmuseum betreut. Zu besichtigen ist er von April bis Oktober Mo–Sa 9–17 Uhr.

Empfehlenswert sind neben den Ausstellungen zur Entwicklung Kärntens auch die thematisch vielfältigen Sonderschauen im Rudolfinum sowie ein Besuch in seinen insgesamt fünf Außenstellen und drei kooperierenden Museen, darunter das Römermuseum Teurnia, der Archäologische Park Magdalensberg oder das Freilichtmuseum Maria Saal. Nähere Informationen über aktuelle Ausstellungen und sämtliche Einrichtungen des Kärntner Landesmuseums sind im Rudolfinum erhältlich oder unter www.landesmuseum-ktn.at.

in Kärnten - auf dem Neuen Platz aufgestellt, erhielt 1624 den schon ursprünglich vorgesehenen Brunnentrog, 1634 das Gitter und 1636 den keulenschwingenden Herkules von Michael Hönel als Begleiter.

Weiter nach Südosten schreitend erreicht man den **Dom**. Von den protestantischen Landständen erbaut und 1591 der Allerheiligsten Dreifaltigkeit geweiht, wurde die Kirche bereits 1600 im Zuge der Gegenreformation wieder geschlossen und 1604 von den Jesuiten als besonderer Hinweis auf Rom den Heiligen Petrus und Paulus neu geweiht. Seit 1787 ist sie die Kathedrale der Gurker Bischöfe. Das Innere dieser frühesten Wandpfeilerkirche im Alpenraum birgt eine opulente Ausstattung, in der bedeutende Barockkünstler ihre Spuren hinterlassen haben. Ein ausführlicher Rundgang mit Kirchenführer sei angeraten!

Diözesanmuseum

Lidmanskygasse 10/3, 9020 Klagenfurt am Wörthersee, Tel.: (+43)0463/502498 oder (+43)0463/57770-1064, www.kath-kirche-kaernten.at

Öffnungszeiten: 1. bis 14. Juni sowie 15. September bis 15. Oktober Mo–Sa 10–12 Uhr. 15. Juni bis 14. September darüber hinaus auch Mo–Sa 15–17 Uhr.

In einem Gebäude neben dem Dom befindet sich noch das Kärntner **Diözesanmuseum**, eines der reichsten seiner Art. Es gibt einen Überblick über das religiöse Kunstschaffen vom 12. bis zum 18. Jahrhundert und zeigt hauptsächlich Schnitzplastiken, Flügelaltäre, Messkleider und liturgische Geräte, aber auch Handschriften und Frühdrucke. Abgerundet wird die Schau durch Zeugnisse volkstümlicher Frömmigkeit. Seine Übersiedlung nach Gurk ist in den nächsten Jahren vorgesehen.

Vinothek Restaurant „Der Franzos"

Villacher Straße 11, 9020 Klagenfurt, Tel.: (+43)0664/466 5500
Öffnungszeiten: Mo–Fr ab 16 Uhr

Vive la France – in Kärntens Botschaft der französischen Lebensart. Wer einmal hier war, kommt wieder, sei es wegen der wunderbaren französischen und doch unprätentiösen Küche, wegen der gepflegten Patina der Bistro- und Gasträume oder dem lauschigen Garten, in dem es sich während der Sommermonate trefflich verweilen lässt. Bemerkens- und kostenswert: „les minis", ein Querschnitt durch die Tageskarte in Kostportionen, dazu glasweise feinen Wein oder Champagner.

Wie viele öffentliche Museen ist auch das **Landesmuseum Kärnten** aus den Sammlungen wissenschaftlicher Vereine hervorgegangen. Erst die Gründung des Geschichtsvereins 1844 und des Naturwissenschaftlichen Vereins 1848 (beide bestehen heute noch) führte zu einer musealen Sammeltätigkeit in Kärnten. 1884 fanden die Schaustücke und auch die Wissenschaftler ihre Heimat in einem in Stilformen der Neurenaissance erbauten repräsentativen Gebäude des „Rudolfinums". Ein 1925 geschaffenes Heimatmuseum wurde in die volkskundliche Abteilung des Hauses integriert. 1974 gingen die Vereinssammlungen schließlich in das Eigentum des Landes über, und so bietet das Landesmuseum heute einen umfassenden Einblick in die Entwicklung Kärntens.

Literaturmatinee mit Jani Oswald und Tonč Feinig im lend|spiel-Pavillon

Lendkanal R4b

Bereits im 13. Jahrhundert bestand der Plan, Stadt und See durch einen Kanal zu verbinden, aber erst 1527–29 wurde dieses Projekt realisiert und 1558 erweitert. Der viereinhalb Kilometer lange Lendkanal, künstlicher Abfluss des Wörthersees, diente nicht nur der Füllung des Stadtgrabens, sondern hatte von Beginn an eine bedeutende Funktion als Zubringer für Holz als Bau- und Heizmaterial sowie für die Lebensmittelversorgung der Landeshauptstadt. Die Landstände führten die Schifffahrt auf Kanal und See bis ins 18. Jahrhundert als Monopolbetrieb. Mit dem Ausbau der Südbahn 1864 und der Süduferstraße 1899 verlor der Lendkanal zwar als Handelsweg seine Bedeutung, doch nahm bald die Passagierschifffahrt einen neuen Aufschwung und endete erst nach dem Zweiten Weltkrieg. 1987 wurde der Ausflugsverkehr wieder aufgenommen, in den Sommermonaten fährt das kleine

Passagierschiff „Lendwurm" zweimal täglich vom Lendhafen zum See und wieder zurück. Zu allen Jahreszeiten empfehlenswert ist aber auch der Weg entlang des Kanals durch die Ostbucht des Wörthersees bis zum Schloss Maria Loretto.

Der von Mauern und Stiegen aus Pörtschacher Marmor eingefasste **Lendhafen** wird überspannt von der 1855-56 von Domenico Venchiarutti erbauten Elisabethbrücke. Um diesen zum Verweilen einladenden Platz als Raum zur Begegnung mit Kunst und Kultur zu beleben, wurde 2010 auf Initiative eines Vereins der lend|spiel-Pavillon eingeweiht. Nach dem Motto „Brücke zur Welt" ist der farbig unter der Elisabethbrücke hervor ragende Holzpavillon als eine kleine, auf zwei Ebenen bespielbare Bühne mit Gastronomie realisiert.

lend|spiel

Lendhafen, 9020 Klagenfurt

Der von Hanno Kautz und murero_bresciano architekten konzipierte Pavillon ist bei Schönwetter täglich (außer Montags und Feiertags) von 18–22 Uhr geöffnet. Das aktuelle Veranstaltungsprogramm ist abzurufen unter ww.lendspiel.org.

Die Ostbucht

R4

Seit Beginn des 20. Jahrhunderts wurde versucht, die Stadt Klagenfurt an den See heranzuführen. Zum Glück scheiterten diverse Verbauungspläne an geschichtlichen Umständen und ungünstigen (sumpfigen) Bodenverhältnissen. Nach dem Zweiten Weltkrieg wurde das Gebiet der Ostbucht mit den Trümmern der bombardierten Stadt trockengelegt und 1965 war es dann endlich soweit: 22 Hektar Sumpf- und Brachland verwandelten sich in eine prachtvolle Parkanlage, die grüne Visitenkarte Klagenfurts. Geprägt wird der **Europapark** von zahlreichen Steinskulpturen internationaler Künstler, wie Otto Eder, Makoto Fujiwara, Erika Inger, Zeev Krischer, Janez Lenassi, Hermann J. Painitz, Karl Prantl, Natasha Smith oder Voré. Geschaffen wurden die Arbeiten zwischen 1968 und 1995 im Rahmen mehrerer Krastaler Bildhauersymposien, die beispielsweise 1994 den Europapark als Symposiumsort mit einbezogen hatten.

Skulptur von Helmut Machhammer im Europapark

Östlich des Parks wächst auf 26.000 Quadratmetern unaufhörlich „**Minimundus** - die kleine Welt am Wörthersee". 1959 von der Österreichischen Gesellschaft „Rettet das Kind" gegründet, findet Minimundus heute wegen seiner mehr als 140 hervorragend gestalteten Modelle im Maßstab 1:25 von Bauten aus allen Erdteilen weltweit Anerkennung. Das Gelände ist durchzogen von Schienen und Wasserstraßen, sodass auch Freunde verkehrstechnischer Anlagen - von der Schifffahrt über Dampflokomotiven, Zahnrad- und Schwebebahnen bis zum Weltraumbahnhof von Cape Canaveral - auf ihre Kosten kommen. Inzwischen eingegliedert in den Park ist das **Planetarium**.

Gleich daneben befindet sich der **Reptilienzoo Happ**, der über tausend Tiere zeigt, darunter sechzig Schlangen- und zwanzig Echsenarten. Besonders anschaulich sind die Freilandanlagen mit heimischen Schlangen und Schildkröten aus aller Welt. Ein Kaltwasser-Aquarium gewährt Einblick in die Tiefen des nahen Wörthersees.

Seit jüngster Zeit gibt es in der Ostbucht gleich zwei Beispiele hervorstechender moderner Baukunst: Das **Hotel Seepark Lindner** (Universitätsstraße 104) wurde geplant vom Villacher Büro Trecolore Architects rund um Hermann Dorn, der sich mit der Gestaltung des Österreich-Pavillons auf der EXPO 2005 in Japan einen Namen gemacht hat. Am Rande eines Naturschutzgebietes gelegen setzt der Bau einen deutlichen Akzent; ebenso das futuristisch anmutende, für die Fußball-Europameisterschaft 2008 am Südring errichtete **Wörthersee Stadion** des Wiener Architekten Albert Wimmer, dessen eindrucksvolle Optik mit seiner teilweise trans-

Das Wörthersee Stadion

parenten Dachhaut auch nach einem eventuellen Rückbau erhalten bleiben soll.

Trammuseum und Lendkanaltramway

Öffnungszeiten: Juli und August Di–So 13–18 Uhr.

Im gleichen Zeitraum fährt die Museumstramway nach Bedarf ab dem Buffet „Zur Tramway“ am Lorettosteig. Sonderzüge für Gruppen sind nach Vereinbarung möglich. Nähere Informationen unter www.nostalgiebahn.at.

Kurz vor der Mündung des Lendkanals in den See steht am Lorettosteig eine zum Buffet umgebaute historische Straßenbahn. In den Sommermonaten bieten hier die „Nostalgiebahnen in Kärnten/Gemeinnütziger Verein zur Erhaltung technischer Kulturgüter“ kurze Fahrten mit einer **Museumstramway** in das Landschaftsschutzgebiet des Lendspitz an und zeigen im daneben liegenden Gelände des ehemaligen ORF-Mittelwellensenders kleine thematisch wechselnde Ausstellungen zur Verkehrs-, aber auch zur Kino- oder Stadtgeschichte Klagenfurts.

Schloss Maria Loretto R4

1652 erbaute Graf Johann Andreas Graf von Rosenberg auf einer Insel zwischen Lendkanal und Wörthersee ein Lustschloss „in italienischer Manier“ und ließ dazu die Insel mit Türmen, Freitreppen, Pavillons und einem imposanten Torbau als Gartenanlage prächtig ausgestalten. Mit dem Brand von 1705 endete die Glanzzeit des Schlosses, es wurde nur mehr nüchtern und einfach instand gesetzt; die Insel selbst verlandete. Heute zeigt sich das Schloss als zweigeschos-

Maria Loretto, Kupferstich von J. W. Valvasor, 1688

siger Bau über rechteckigem Grundriss mit einem hohen Krüppelwalmdach, die schmälere fünfachsige Schauseite ist durch ein Zwerggeschoss erhöht. Über dem rundbogigen Portal befindet sich das Wappen der Familie Orsini-Rosenberg mit der Jahreszahl 1652. Der Ziehbrunnen im Garten davor mit seiner schmiedeeisernen Bekrönung ist ein Relikt der großartigen Parkanlage.

Die südlich vom Schloss gelegene **Kapelle Maria Loretto** wurde 1658 erbaut und der Casa Santa (dem der Legende nach von Engeln aus Nazareth mit einer Zwischenstation in Trsat bei Rijeka in die mittelitalienischen Marken übertragenen Haus der Gottesmutter Maria) nachgeahmt. Die Kapelle gab dem Schloss und letztlich der Insel ihren Namen. Der kleine Sakralbau mit seinen geschwungenen Giebeln, dem halbrunden Kapellenzubau und dem hölzernen Vorbau mit Opfertisch und Marmorstein ist heute eine beliebte Hochzeitskirche. Die Figur der Lorettomadonna von 1652 soll aus Italien stammen. Ein Votivbild des 18. Jahrhunderts zeigt eine Ansicht des ehemaligen Klagenfurter Jesuitenkollegs.

Seit 2008 ist das Schloss, das sich nunmehr im Besitz der Stadt befindet, aufwändig restauriert (Planung: Jana Revedin) und der Öffentlichkeit für Veranstaltungen zugänglich.

Das Klagenfurter Strandbad

Als eines der größten Binnenseebäder Europas wurde es 1927 von den oberösterreichischen Architekten Franz Koppelhuber und Paul Theer in der Ostbucht des Wörthersees nahe der Halbinsel Maria Loretto, damals noch außerhalb der Grenzen der Landeshauptstadt, errichtet und hat überregionale Beachtung gefunden. Die Anlage besteht aus einer zentralen, repräsentativen Halle mit Galerien und rechts und

Badehütten im Klagenfurter Strandbad

links anschließenden zweigeschossigen Kabinentrakten. Der große, parkähnliche Strand weist einen schönen alten Baumbestand auf. Eine Eigenart des Klagenfurter Strandbades sind die saisonweise mietbaren Kabinenhäuschen verschiedener Größe, die der gesamte Anlage einen außergewöhnlich wohnlichen und aufgelockerten Charakter verleihen.

Schiffsanleger und Werft der Klagenfurter Verkehrsbetriebe

R4

Seit Gründung der ersten Dampfschifffahrtsgesellschaft im Jahr 1853 befuhren insgesamt sieben Gesellschaften den Wörthersee, bis 1913 die Stadt Klagenfurt den Linienverkehr übernahm, der heute über den Anleger am Friedelstrand betrieben wird.

Um die Uferzone für die Öffentlichkeit frei zu halten, wurden die Anlegestege sowie die dazugehörige Schiffswerft mit Trockendock, Werkstattschiene und Kranbahn auf eine künstliche Insel gelegt, die durch eine kleine Brücke mit dem Friedelstrand verbunden ist. Dem Entwurf von Günther Domenig und Volker Giencke aus dem Jahr 1978 liegt die Ab-

Die Werft der Wörthersee-Schifffahrt am Friedelstrand

sicht zugrunde, die Bauten möglichst aufzulösen, aber auch ihre technische Funktion zu betonen.

Einige historische Schiffe befahren bis heute den Wörthersee; erwähnt sei die auf Privatinitiative vor Verschrottung gerettete „Thalia" als letztes Dampfschiff sowie die 1924 bei der Donauwerft in Wien vom Stapel gelassenen Motorschiffe „Loretto" und „Lorelei", die vom Verein „Nostalgiebahnen in Kärnten" betrieben werden.

Das Hotel Wörthersee und die Militärschwimmschule R4

Schon 1787 stand an der nördlichen Ostbucht nahe der Reichsstraße nach Italien, der heutigen Bundesstraße Richtung Krumpendorf, die Kramtschnig-Keusche, deren spätere Besitzer auch ein einfaches Wirtshaus betrieben. 1889 erwarben die Grafen Thurn-Valsassina das Anwesen mit der Gasthauskonzession und schon 1891 wurde das Hotel Wörthersee, entworfen von Wilhelm Hess, als Meilenstein für den erhofften Fremdenverkehr und die Belebung der Ostbucht begrüßt. Nach dem jüngsten Besitzerwechsel soll es ab Herbst 2010 umfassend renoviert werden.

Ab 1841 entwickelte sich unterhalb des Hotels eine Badeanstalt, aus der die Militärschwimmschule hervorging. Sie wurde Ausgangspunkt und Zentrum für den Wassersport. 1878 erfolgte die Gründung des Ruder- und Segelklubs Nautilus, 1880 des **Rudervereins Albatros** mit seinem heute noch bestehenden Gebäude von Franz Baumgartner aus dem Jahr 1909.

Haus des Rudervereins Albatros am Friedelstrand,
Franz Baumgartner, 1909

Der Schrotturm

Weiter in Richtung Krumpendorf, erhöht über dem Wörtherseeufer am Fuße des Falkenberges, wurde diese der Schrotkugelerzeugung dienende Anlage zwischen 1818 und 1824 durch Johann Rainer von Harbach errichtet, 1893 allerdings schon wieder außer Betrieb gesetzt. Ein schlanker, 67 Meter hoher Turm über einem quadratischen Grundriss verjüngt sich nach oben und endet mit einem flachen Pyramidendach. Er besaß hölzerne Anbauten, die inzwischen verschwunden sind. Die Erzeugung von Schrot erfolgte durch das Gießen von flüssigem Blei durch ein Sieb. Die Bleitropfen fielen durch eine hohe Gussröhre, formten sich durch das Herabfallen zu Kugeln und kühlten schließlich in einem Wasserbottich ab. Sechs solcher Anlagen befinden sich in Kärnten, sie waren die einzigen in der gesamten Donau-Monarchie.

Die unter dem Turm liegende Gastwirtschaft „Zur Schrottenburg" ist verlassen und dem Verfall preisgegeben; ein Besitzerwechsel lässt Initiativen zu einer Revitalisierung erhoffen.

Auf dem nahe des Schrotturmes verlaufenden Wörthersee-Rundwanderweg lässt sich über die waldreiche Zillhöhe und vorbei an Weingärten in ca. 2,5 Kilometer Entfernung das Schloss Freyenthurn zu Fuß erreichen. Für ausgedehntere Spaziergänge ist das von Wanderwegen durchzogene Gebiet des Kreuzbergls zu empfehlen, das bis an das Stadtzentrum Klagenfurts heranreicht.

Blick auf den Schrotturm mit dem historischen Dampfschiff „Thalia“

Schloss Freyenthurn

Schloss Freyenthurn

An den Hängen des Falkenbergs erhebt sich in beherrschender Lage über dem See das Schloss Freyenthurn. Der Name lässt einen spätmittelalterlichen Ritterturm vermuten, während der benachbarte Ansitz Rothenthurn völlig verschwunden ist. Anfang des 16. Jahrhunderts ließ sich der Hofzahlmeister Hans Angerer das Schloss mit der wohl schönsten Aussicht auf das Klagenfurter Becken erbauen. Nach zahlreichen Besitzerwechseln wurde der dreigeschossige, wuchtige, fast turmhaft wirkende Bau 1885 vom westfälischen Ehepaar Westerholt-Gysenberg durch den Klagenfurter Architekten Josef Bierbaum im Tudorstil erneuert und nach Norden hin vergrößert. Nach einem weiteren wechselvollen Schicksal beherbergt das inzwischen mustergültig renovierte Schloss einen exklusiven Nachtclub.

Ausgewählte Literatur

Achleitner, Friedrich: Österreichische Architektur im 20. Jahrhundert, Bd. 2, Salzburg/Wien 1983

Dehio-Handbuch. Die Kunstdenkmäler Kärntens, 3. verb. Auflage, Wien 2001

Deuer, Wilhelm: Ehemalige Zisterzienserabtei Viktring, Pfarrkirchen von Viktring und Stein, Salzburg 2. Aufl. 2002

Deuer, Wilhelm: Burgen und Schlösser in Kärnten, Klagenfurt 2008

Deuer, Wilhelm u. Grabmayer, Johannes: Transromanica. Auf den Spuren der Romanik in Kärnten, Klagenfurt 2008

Dinklage, Karl: Velden und Umgebung, Klagenfurt 1959

Eichert, Joachim: Kleiner Kulturführer der Markgemeinde Rosegg, Rosegg 1995

Glawischnig, Helge: Grüße aus Kärnten. Vor-Bilder der Ansichtskarte, Velden 1991

Guenzl, Peter: Die Veldner Chronik 1850–1939, Velden 1983

Jakl, Ingeborg: Maria Wörth, Maria Wörth o. J.

Harb, Ulrich: Architekt Franz Baumgartner 1876–1946 (Ausstellung im Künstlerhaus Klagenfurt 1986), Klagenfurt 1986

Karner, Günther u. Weiss, Mario: Der Wörthersee. Aus vergangenen Tagen. Ein Jahrhundert in Bild und Text, Neumarkt 1984

800 Jahre Klagenfurt. Festschrift zum Jubiläum der ersten urkundlichen Nennung (Archiv für vaterländische Geschichte und Topographie 77), Klagenfurt 1996

Kramer, Heimo: www.woerthersee-architektur.at (mit Landkarte)

Kreuzer, Anton/Pickert, Franz: Thaddäus von Lanner (1790–1861), Klagenfurt 1971

Krobot, Ulrike: Von der Sommerfrische zum Fremdenverkehr, Klagenfurt 1992

3000 Jahre Krumpendorf, Klagenfurt 1991

Goffriller, Gabriele (Hrsg.): Kyselak. Skizzen einer Fußreise durch Österreich, Salzburg/Wien 2009

Leitner, Friedrich W. u. a.: Die Gemeinde Keutschach am See. Geschichte - Kultur - Natur, Klagenfurt 1989

Maierbrugger, Matthias: Ferien am Wörther See, Klagenfurt 1974

Malloth, Hans: Velden am Wörthersee. Vergangenheit und Gegenwart, Klagenfurt 1976

Malloth, Hans: Maria Wörth, Klagenfurt 2. Aufl. 1979

Mayr, Gerhard u. Prix, Hannsgeorg: Die Klagenfurter Straßenbahn. Klagenfurter Verkehrsbetriebe einst und jetzt, Klagenfurt 1982

Pagitz, Franz: Die Geschichte des Kollegiatstiftes Maria Wörth. Mit einem Beitrag: Zur Kunst in Maria Wörth von Richard Milesi (Archiv für vaterländische Geschichte und Topographie 56), Klagenfurt 1960

Perkonig, Josef Friedrich: Landschaft um den Wörthersee, Klagenfurt 1925

Pichler, Christian: Leuchtturm im Sturm der Zeit. Zur Geschichte der Pfarre Augsdorf/Loga vas und der Filialkirche Selpritsch/Žoprače, Klagenfurt 2008

Reichmann-Endres, Elisabeth: Maria Wörth - St. Anna - Dellach - Sekirn, Passau 1995

Rogy, Heidi: Tourismus in Kärnten. Von der Bildungsreise zum Massentourismus (18.-20. Jahrhundert) (Archiv für vaterländische Geschichte und Topographie Bd. 87), Klagenfurt 2002

Die Marktgemeinde Schiefling am See und ihre Geschichte 1256-2006, Schiefling o. J.

Seydel, Gerhard: Die Wörthersee-Ostbucht und der Europapark. Wandel und Faszination einer Landschaft, Klagenfurt 1990

Soos, Gerhart und Rainer: Velden, wie es einmal war, Klagenfurt 1984

Soos, Gerhart: Velden. Dokumente und andere Beiträge zu Geschichte und Gegenwart, Klagenfurt 1990

Spielvogel-Bodo, Ilse: Der Wörthersee. Österreichs Riviera, Klagenfurt 2002

Stadtwerke Klagenfurt. 60 Jahre Strandbad, Klagenfurt 1984

Stift Viktring 1142–1992. Festschrift zum 850. Jahrestag der Klostergründung, Klagenfurt 1992

Warmuth, Gertraud u. Uran, Tatjana: Techelsberg am Wörther See, Techelsberg 2004

Glossar

Akanthus
Seit der griechischen Kunst beliebtes Blattmotiv für Säulenordnungen und sonstige Ornamentik (Vorbild: Bärenklau)

Antependium
Bemalte oder geschnitzte Verkleidung der Vorderseite eines Altarblocks (Mensa)

Antiphonar
Auch Antiphonale, liturgisches Buch, das die Melodien und Texte für das Stundengebet der römisch-katholischen Kirche enthält

Apsis
Halbrunder Abschluss des Langhauses

Archivolte
Bogenlaibung eines romanischen Trichterportals

Bastei
Vorspringender Teil einer neuzeitlichen Befestigungsanlage

Bergfried
Meist gegen die Angriffseite einer Burg gerichteter Hauptturm und zugleich letzter Zufluchtsort

Bering
Ringmauer einer Burg

Beschlagwerk
Flachplastische Dekorationsform der deutschen Renaissance, die Metallbeschläge imitiert

Blendbogen/-arkade
Ein Bogen, der keine Maueröffnung überspannt, sondern einer geschlossenen Wand nur vorgeblendet, also aufgelegt ist

Chor
Der für die Geistlichen bestimmte Platz in einer Kirche

Chorquadratkirche
Kirche, deren Altar- oder Priesterraum quadratische oder rechteckige Form hat

Chorturmkirche
Kirche, deren Priester- bzw. Altarraum von einem Turm überbaut ist

Dachreiter
Schlankes, meist hölzernes Türmchen auf dem Dachfirst

Dienste
Lange, dünne Säulchen, die die Gurte oder Rippen eines Gewölbes aufnehmen

Eigenkirche
Eigenkirchen waren Kirchen, die kirchliche Laien auf ihrem Grund errichten ließen. Der Grundherr war Vogt seiner Eigenkirche, der z. B. ohne Genehmigung durch den Diözesanbischof Pfarrer ein- oder absetzen konnte. Im 12. Jahrhundert wurde das Eigenkirchenrecht durch das Patronatsrecht abgelöst. Danach hatte der Grundherr nur mehr ein Vorschlags- oder Vetorecht über die Besetzung des Pfarramts, genoss jedoch Ehrenrechte, wie einen besonderen Sitzplatz oder die Bestattung in der Kirche.

Epitaph
Figürliche oder wappengeschmückte Grabplatte

Filialkirche
Eine Filialkirche besteht neben einer Pfarrkirche (Hauptkirche) als Nebenkirche.

gekuppelt
Unmittelbar nebeneinander liegende Bauelemente, die einander ausdrücklich zugeordnet sind.

Gewände
Auch Laibung: Bauplastisch hervorgehobene, meist abgeschrägte Binnenfläche eines Fensters oder eines Tores

Grundrententum
Leben vom Ertrag einer Grundherrschaft oder von Grundbesitz

Gurtbogen
Ein quer zur Längsachse eines Gewölbes verlaufender Verstärkungsbogen

Heiliger Wandel
Darstellungsform der Heiligen Familie (Jesus, Maria und Josef) beim Spaziergang

Joch
Gewölbefeld der Längsachse

Kämpfer
Beginn der Krümmung eines Bogens oder Gewölbes

Kanoniker
Geweihte Priester, die in einer klosterähnlichen Gemeinschaft lebten

Kapitel
Gemeinschaft der Kanoniker eines Kollegiat- bzw. Chorherrenstiftes

Kapitell
Das nach oben hin ausladende Kopfstück einer Stütze

Karner
Beinhaus (von lat. Carnarium)

Kartusche
Zierrahmen für Wappen oder Inschriften

Kielbogen
Auch Eselsrücken, eine spätgotische Bogenform

Kirchenschiff
Als Schiff wird der Innenraum eines Langhauses bezeichnet. Hat ein Langhaus mehrere Schiffe, sind diese durch Stützen voneinander getrennt. Das Mittel- oder Langhausschiff war in der Regel das Laienschiff, also der Raum für die Gemeinde.

Kollegiatstift
Kanonikergemeinschaft unter der Leitung eines Propstes, deren Mitglieder eigene Pfründen besitzen und in eigenen Haushalten wohnen

Kreuzgratgewölbe
Eine Gewölbeform, die durch das Verschneiden zweier gleich hoher Tonnengewölbe entsteht. Die Gewölbekappen verschneiden sich dabei in diagonal verlaufenden Graten.

Kreuzrippe
Diagonale Gewölberippe

Lisene
Eine schwach vortretende, vertikale Mauerverstärkung

Lünettenfeld
Bogenfeld über Türen bzw. Fenstern

Majestas Domini
Darstellung des thronenden Christus in der Mandorla, also in einem mandelförmig um die ganze Figur herum reichenden Heiligenschein

Majuskel
Großbuchstabe

Maßwerk
Geometrische Schmuckformen der Gotik, die u. a. zur Unterteilung von Fenstern verwendet wurden

Mensa
Altarplatte

Ministeriale
Ritterlicher Dienstmann

Missale
Messbuch, das wichtigste liturgische Buch der römisch-katholischen Kirche

Parament
Für Altar, Kanzel und liturgische Geräte verwendetes Tuch

Pfalz
Kaiserliche Wohn-, Hof- und Gerichtsstätte

Pilaster
In der Art einer Säule gestaltete Wandvorlage

Platzlgewölbe
Stutzkuppel

Prälatur
Repräsentativer Wohntrakt des Abtes oder Propstes (Prälaten) in einem Kloster

Predella
Bemalte oder statuengeschmückte Sockelzone eines gotischen Flügelaltares

Propst/Propstei
Vorstand einer Propstei, der Vereinigung von Regular- oder Säkularkanonikern, wie den Augustiner-Chorherren, Prämonstratensern oder eines Kollegiatkapitels

Rippe
Ein skelettartiges tragendes Bauteil, das z. B. die Konstruktion eines Gewölbes verstärkt.

Risalit
Wandvorsprung in der Mitte oder an den Seiten einer Fassade

Rustika
Grob bearbeitetes Mauerwerk aus Bruch- oder Buckelsteinen, besonders geschätzt zur Zeit der Renaissance und des Manierismus

Saalkirche
Eine Kirche mit einem einschiffigen Langhaus

Säulenbasis
Der Fuß einer Säule, der meist aus einer Platte und einem oder mehreren Wülsten und Kehlen besteht

Schallfenster
Fenster in der Zone des Glockenstuhls

Scheidbogen
Ein Bogen, der Mittelschiff und Seitenschiffe voneinander trennt

Sgraffito
Kratzputz: Putz aus mehreren getönten Schichten, wobei die gewünschten Farbkombinationen durch Abkratzen der darüberliegenden Schichten erreicht werden

Stichkappe
Ein Gewölbe, das quer zur Achse des Hauptgewölbes verläuft und in dieses einschneidet

Sturz
Der gerade obere Abschluss einer Tür- oder Fensteröffnung

Tafernrecht
Recht, eine Taferne (Wirtshaus) zu betreiben

Tonnengewölbe
Eine Gewölbeform mit einem längs zur Achse gleichbleibendem, mehr oder weniger tonnenförmigen Querschnitt

Triumphbogen
Bogen zwischen Langhaus und Chor einer Kirche

Verordnete
Mitglieder des Kärntner Verordnetenkollegiums, der ständischen Kärntner Landesregierung

Vorwerk
Einer Burg, einem Schloss oder einer sonstigen Verteidigungsanlage vorgelagerte Befestigung

Walmdach
Allseitig schräges, d. h. giebelloses, Dach; ist der Giebel nur oben abgewalmt, spricht man von einem Krüppel- oder Schopfwalmdach

Zeughaus
Waffenlager

Aus der Reihe KULTURWANDERUNGEN
im Verlag Johannes Heyn

Wilhelm Deuer, Johannes Grabmayer
Transromanica. Auf den Spuren der Romanik in Kärnten
Kulturwanderungen Bd. 1, Klagenfurt, 2008
240 Seiten, ISBN 978-3-7084-0302-1, € 15,-

Wilhelm Deuer
Burgen und Schlösser in Kärnten
Kulturwanderungen Bd. 2, Klagenfurt, 2008
276 Seiten, ISBN 978-3-7084-0307-6, € 15,-

Stefan Lieb, Michael Jungmeier
Klangschlucht Millstatt
Kulturwanderungen Bd. 3, Klagenfurt, 2009
72 Seiten, ISBN 978-3-7084-0351-9, € 9,-

Alexander Hanisch-Wolfram
Auf den Spuren der Protestanten in Kärnten
Kulturwanderungen Bd. 5, Klagenfurt 2010
Rd. 200 Seiten, ISBN 978-3-7084-0392-2, ca. € 15,-
(erscheint Ende Oktober 2010)